马月亮 ◎ 著

我读我思

—— 高中语文教学文本细读与思考

河海大学出版社
HOHAI UNIVERSITY PRESS
·南京·

图书在版编目(CIP)数据

我读我思：高中语文教学文本细读与思考 / 马月亮著. -- 南京：河海大学出版社，2023.8
ISBN 978-7-5630-8307-7

Ⅰ. ①我… Ⅱ. ①马… Ⅲ. ①阅读课－教学研究－高中 Ⅳ. ①G633.332

中国国家版本馆 CIP 数据核字(2023)第 139593 号

书　　名	我读我思——高中语文教学文本细读与思考 WODU WOSI——GAOZHONG YUWEN JIAOXUE WENBEN XIDU YU SIKAO
书　　号	ISBN 978-7-5630-8307-7
责任编辑	齐　岩
文字编辑	徐小双
责任校对	陈晓灵
装帧设计	张世立
出版发行	河海大学出版社
地　　址	南京市西康路 1 号(邮编:210098)
电　　话	(025)83737852(总编室)　(025)83722833(营销部)
经　　销	江苏省新华发行集团有限公司
排　　版	南京布克文化发展有限公司
印　　刷	广东虎彩云印刷有限公司
开　　本	718 毫米×1000 毫米　1/16
印　　张	12.25
字　　数	202 千字
版　　次	2023 年 8 月第 1 版
印　　次	2023 年 8 月第 1 次印刷
定　　价	58.00 元

倾听拔节的声音
（代序）

月亮是我的学生，更是我的兄弟，相同的志趣，对语文的挚爱，让我们成为无话不谈的朋友。更重要的是，我们都来自马颊河畔，有着共同的精神归属。清晨，艳灿灿的阳光照射到清凌凌的水面上，波光粼粼，水平如镜，稚子孩童、生龙活虎的少年就已在马颊河中嬉戏游泳、捉鱼摸虾了，纯净的生活，灿烂了一代又一代人的童年；摇来荡去的小船，遥远的牧笛村歌，袅袅的炊烟，温馨了略带苦涩的青葱岁月。落日余晖下，河的尽头于沙头堡处汇入渤海，其浩浩荡荡、一泻千里之势，让我们看到一种积蓄待发的雄浑力量。马颊河纯朴，博大，坦荡，无私，她哺育了河畔的千家万户，造福了两岸的子子孙孙……月亮老师也如同这马颊河一样，质朴，勤恳，胸怀宽广，脚踏实地。他热衷教育，心念课堂，激情满怀，一步一个脚印，直至崭露头角，渐入佳境。

教师需要多项能力，文本解读的能力应该是基础中的基础，它是语文教师的基本功，是教师成长的关键。"文本解读的深度决定着课堂教学的高度，关系着学生精神发育的进度、思维发展的程度、课堂对话的效度。"正是基于此，月亮老师十年磨一剑，勤勉不倦地钻研教材，文本解读能力步步提升，最终驾轻就熟、游刃有余地站稳课堂，他在工作的第五年就获得了山东省优质课一等奖第一名，在第八年代表山东省参加第十二届"语文报杯"全国中青年教师课堂教学大赛，获得一等奖……

　　文本解读与教师个人的文化积淀、生活经历息息相关,是建立在教师自身的功底和阅历的基础上的。著名特级教师于永正老师曾讲过:"有文化才有底蕴,有底蕴才有底气,有底气才能在课堂上有灵气。""从某种意义上说,我们每一节课的颜色决定着我们一生的色彩",月亮老师正是怀着这种对课堂的执念,脚踏实地地践行着他的"笨人备课法",读文本—找材料—写实录—多练习,"焚膏油以继晷,恒兀兀以穷年"。准备第十二届"语文报杯"全国中青年教师课堂教学大赛的两个月里,他读了400多篇论文;平时课堂中,他的一次次练习、一回回修改、一遍遍反思都孕育了他课堂的生长。面对这一本书稿,我们可以想见月亮老师倾注的热诚,洒下的汗水,付出的艰辛和劳动。

　　"作为一位教师,应该努力从教育的本原来认识我们的课堂,教育是面对人,帮助人的生命生长的,着眼生命生长的课堂,必然是基于学生实际,要从学生生命生长需要出发的。"月亮老师虔诚而执着,踏实而有力,笃行而无悔,孜孜不倦,不懈进取,他的课从原初体验入手,关注学生的心灵发育、生命成长,已经具备独特的个性风格,充溢着教师的个体意识,盈满教育生命的创造性。

　　普通教师设计教学方案,总是习惯搬教参、下载课件,甘心做一名"搬运工",月亮老师的课却在博览群书、精钻细研、深刻解读的基础上,将学生的天赋、洞察力以及多元的视野聚焦在他们对生命的挑战上,进而创造出一种全新的可能,迸发出震撼学生心灵、影响学生人格、启迪学生人生的无穷感染力。

　　教师对文本的阅读最要紧的就是从文本中发现问题、提出问题,只有这样,才能培养出善于思考的学生,丰富生命的色彩,拓展生命的厚度。吃透教材,准确把握教材的主旨、特点和编写者的意图;了解学情,适时调控学生的情绪,打造师生共生课堂……月亮老师的课总是让人觉得余音绕梁,回味无穷。月亮老师对文本解读的准确性、新颖性、生动性、深刻性,也总是让人眼前一亮,有所启迪,有所感悟;让师生沉浸留恋,反复品味,感叹击掌,赞叹叫绝。

"你细读的不是那个文本,而是你自己。"我们的文化视野、言语禀赋、审美旨趣、精神高度、生命境界决定着我们文本细读的境界!通读《我读我思——高中语文教学文本细读与思考》一书,我们可以看到,月亮老师对文本的解读是丰富的,是深邃的,是极具创造性的。

他看到《峨日朵雪峰之侧》中的"我"在某种意义上是诗人自己的化身,攀登的高度、生存的境遇、内心的变化在很大程度上是他生命足迹和精神世界的延续,是对自己生命状态的一种隐喻。

他透过《动人的北平》看到林语堂对北平的情感是质朴的、不带挑剔的;看到林语堂将笔触伸向那些别人不愿甚至不屑去写的琐碎和细节,从而使得每一座建筑,每一类人群,每一条胡同,每一棵树木,甚至每一声叫卖声之中,都凝聚着自己对北平的情思。

他从《百合花》中读出了作者的情感寄托:她是在人生困境中打开了一扇探寻美好的心窗,是想要通过这首"没有爱情的爱情牧歌"表达对高洁美好的人性的讴歌和颂扬,对真诚的人际关系的渴望和向往。

他认为"套中人"形象具有四重性,可笑的胆小鬼,可恶的刽子手,可怜的牺牲品,可思的"套中人";能从不同版本的差异间读出"被弱化了批判性的套中人""被忽视的了不起的小人物""被矮化了的契诃夫的深刻寄寓"等深刻内蕴。

……

月亮老师甚至能于《雷雨(节选)》中耐人寻味的称呼变化,窥见在场与逃离背后的矛盾个体,情感与利益冲突下的复杂人性;能透过《茶馆(节选)》窥见"茶客"言语背后的深远意味;能从一词二赋的人称变化窥见苏轼的精神突围,读出苏轼的"多情",苏轼的挣扎,苏轼的超然……

《我读我思——高中语文教学文本细读与思考》一书,单篇细读已足见匠心,群文阅读更显月亮老师卓尔不凡的文本解读功力。第一章文本细读理论浅谈和第三章文本细读教学价值微探,足见月亮老师是从系统论、从理性的角度来观照文本解读的。这对纠正语文教学中"脱离文本""盲目拓展""伪分析"等问题、践行"学会微观分析"、提高语文教师"文本解读"能力,进而提高阅读教学效益具有明显的意义。这或许正是这本书的价值和使命所在。

  我们深深知道:星火燎原,定会点燃思维;精诚所至,必然金石为开。让我们抛弃机械的、无价值的重复与忙碌,深刻透彻地解读文本,关注学生的生命样态,寻找课堂的生命质感,倾听生命拔节的声音。

张振海
2023 年 4 月 19 日

（张振海,山东省滨州市无棣县第二高级中学副校长,正高级教师,山东省特级教师,全国优秀语文教师,全国模范教师,山东省语文特级教师工作坊核心成员,滨州市语文特级教师工作坊主持人,著有《触摸语文之弦:高中语文教学探究》一书。）

目录

第一章　文本细读理论浅谈 ……………………………………………… 001
一、文本解读 …………………………………………………………… 001
二、文本细读 …………………………………………………………… 002
三、细读原点 …………………………………………………………… 004
四、一文多解 …………………………………………………………… 012

第二章　文本细读案例举隅 ……………………………………………… 014
古诗文名篇单篇细读 ……………………………………………… 014
《将进酒》里的"酒"与"愁"透析 ……………………………… 014
品五个"一"　读懂《蜀相》 …………………………………… 019
"一曲淋铃泪数行"——《雨霖铃》中的情感透视 …………… 027
赏析《江城子·乙卯正月二十日夜记梦》的抒情艺术 ………… 031
从文字学视角重读《烛之武退秦师》 …………………………… 036
"刀刃上的舞蹈"——析《谏逐客书》中的政治智慧和说理艺术 … 041
李密为何能"陈情"成功？ ……………………………………… 046
《归去来兮辞(并序)》中的三重悲意 …………………………… 052
赏析《种树郭橐驼传》之巧 ……………………………………… 058
"与尔"的为何是"三矢"？——《五代史伶官传序》中"三矢"内涵探究
　………………………………………………………………… 061
《答司马谏议书》该如何分段？ ………………………………… 065

析《林教头风雪山神庙》中的"风雪"之妙 …… 068

近现代中外名篇单篇细读 …… 072

隐喻下的生存困境与生命张力——《峨日朵雪峰之侧》鉴赏 …… 072
如此"动人"——《动人的北平》鉴赏"三部曲" …… 076
心结　形象　人性——《百合花》鉴赏 …… 083
《哦，香雪》"火车"物象解读 …… 088
横看成岭侧成峰——解读"套中人"形象的四重性 …… 092
丢失了"灵魂"的《装在套子里的人》 …… 098
《雷雨（节选）》中耐人寻味的称呼变化 …… 103
身份的转换与叠加：周朴园形象的多重性和悲剧性 …… 108
谈谈《茶馆（节选）》中那些"招之即来，挥之即去"的人物 …… 113
品味"最为完美的对白"——从语言视角赏析《玩偶之家（节选）》
…… 120

中外名篇群文细读 …… 127

谎言还是妙论？——《六国论》《阿房宫赋》《过秦论》群文鉴赏 …… 127
从一词二赋的人称变化看苏轼的精神突围 …… 132
品《望海潮》的直白与《扬州慢》的含蓄 …… 137
同是离别意　"情""态"各不同——柳永《雨霖铃》与毛泽东《贺新郎》
　比较鉴赏 …… 143
深情与理性的碰撞——《迷娘（之一）》《树和天空》比较鉴赏 …… 149

第三章　文本细读教学价值微探 …… 154

一、文本细读：语文阅读教学开展的必要方式 …… 154
二、文本细读：学科核心素养落地的有效路径 …… 168

后　记　源自课堂的生长 …… 181

第一章
文本细读理论浅谈

一、文本解读

要想精准、深刻地解读文本,首先要弄清文本解读所涉及的要素。美国著名学者 M. H. 艾布拉姆斯在《镜与灯——浪漫主义文论及批评传统》中提出了文学活动构成的四个要素:世界、作者、作品、读者。

世界是作品的反映对象;作者是文学生产的主体;作品是附着了作者对世界的独特审美体验、与读者建构联系的介质;读者是文学接受的主体,通过作品与作者进行沟通,并形成自己的体验和感悟。这四个要素也是文本解读的触发点。由于关注点不同也产生了不同的学说,比较有代表性的有社会(世界)中心论、作者中心论、文本中心论、读者中心论等。

社会(世界)中心论认为作品最重要的目的是反映社会,如我国文学史上出现的"兴观群怨""缘事而发""文章合为时而著,歌诗合为事而作""文以载道"等观点,西方的"现实主义文论"也要求文学艺术要真实地反映客观生活。

作者中心论强调作品是作者意志和思想情感的表达。孟子所说的"以意逆志"和苏轼提到的"文如其人"都是在强调作者中心论;十九世纪的浪漫主义文论弘扬文学家的主体性,强调内心体验、灵感、情感的意义,如华兹华斯、雪莱、济慈等人把情感张扬、自我表现看成是诗歌的本质。

文本中心论要求"回到文本",注重对作品的文学形式、语言技巧等的解读,淡化对作者、时代背景的分析,艾略特的观点中已经有了明确的转向作品本身的倾向,兰色姆建立起以文本为中心的文学批评理论。

读者中心论突出读者在作品解读中的地位,我国古代"见仁见智""诗无达诂"的观点实际上都是在强调读者中心。德国哲学家伽达默尔则明确指出,从解释学的立场亦即每位读者的立场出发,文本只能是一个半成品,是理解过程的一个阶段。"接受美学"则认为作品的教育功能和娱乐功能要在读者的阅读中实现,而实现过程即作品获得生命力和最后完成的过程。

文本解读应该是四个要素综合关照的结果,不能将它们割裂或单独强调一个要素。我们可以将文本解读时对不同要素的关照理解为文本解读的三个维度:基于文本的解读,基于文本—作者—时代的解读,读者的内化。这三个维度是相互作用的,通过对文本本身的解读可以了解作者的意志和作品所反映的时代的面貌;通过对作者思想体系和作品的社会背景的认知可以进一步加深对作品的理解;作品解读的最终落脚点是读者的自我内化。

二、文本细读

(一) 中国古代文论中的文本细读

"文本细读"的意识在我国古代早已存在,传统语言学中的训诂学的工作便是聚焦文本内部、关注关键字词,"通古今之异辞,辨物之形貌,则解释之义尽归于此"[①]。训诂实际上是在释词、释句的过程中完成对文本的细读。

"文本细读"更多地体现在古人读书的方法中,古人提倡"书读百遍,其义自见",苏轼曾说"故书不厌百回读,熟读深思子自知",朱子读书法推崇"虚心涵泳",这些都说明古人在阅读时强调"反复",这便是"文本细读"的一种体现。明清时期,涌现出一大批优秀的小说,催生了许多评点家及评点作品。这些作品除了体味文法和写作技巧外,也强调对一些细节的把握,"细读"的视野更为开阔。

---

① 陆宗达:《训诂简论》,北京出版社,2002年,第2—3页。

（二）西方"新批评派"的文本细读

盛行于二十世纪三四十年代的"新批评派"所倡导的文本细读，是一种对作品的语言、结构、象征、修辞、音韵、文体、风格等进行细腻、深入、真切的感知、阐释和分析，从而挖掘出文本内部的意蕴的解读方式。这一概念下的文本细读是一种文本中心论的解读方法。文本中心论认为作者可以死亡，读者可以代代更迭，唯有文本永恒。

"新批评派"的文本细读坚持文本表意的独立自足性，其优势在于能够较好地挖掘出文本中隐含的意蕴，避免了解读的主观性和随意性；其不足是在某种程度上屏蔽了文本解读的其他要素，文本外更大的系统容易被忽视，从而导致解读上的局限性。

（三）语文教学视域下的文本细读

文本细读首要的关照对象是文本。夏丏尊先生认为"文本细读引发一种对语言的敏感"，叶圣陶先生曾说"一字未宜忽，语语悟其神"，吕叔湘先生有着类似的表述，"文本细读，就是从语言出发，再回到语言"，这些观点都是在强调要用心倾听文本发出的细微声响，在字里行间品味思想和精神，从文本的缝隙中得到思考。

以王先霈、陈思和、孙绍振、王崧舟等为代表的一些学者有意识地将文本细读的理论引入到语文课程教学论中。王先霈强调解读文本要关注其立体性、多层次性，不能是平面的、单一的。陈思和提出直面文本、寻找经典、寻找缝隙、寻找原型的解读方法。孙绍振提倡用还原法和比较法挖掘作品的真正内涵。王崧舟强调把个人体验融入阅读之中，他认为细读文本的关键取决于"细读着的那个人"，取决于进入细读中的"我"的前结构。"前结构"包括"我"的解读姿态、解读经验、解读策略、解读智慧、解读动机、解读情绪等，也包括"我"的文化底蕴、思维方式、人生阅历、人格特征、学识修养、审美情趣等。语文课程教学论下的文本细读比较"新批评派"所倡导的文本细读，在内涵和外延上都有很大的差异。

我们所说的"文本细读"是语文教学视域下的概念，是一种基于文本的、强调多维关照的、服务于语文教学的文本解读方式。其特点是以文本为基础，小点切入,深度挖掘,辐射带动。以《林教头风雪山神庙》为例,解读时可以从典型环境"风雪"这一个点入手,借"风雪"析构思、识人物、明主旨。《林教头风雪山神庙》中作者借助"风雪"巧妙地推动了情节的发展,从林冲身寒沽酒到最后手刃仇人,都是在风雪的推动下进行的;林冲面对风雪的一系列动作和心理变化又非常生动地体现了林冲的性格特点;他经历风雪后的转变则说明林冲面对的风雪有着象征意义,是自然中的"风雪",也是林冲人生的"风雪",更是当时社会的"风雪",进而揭示小说"官逼民反,不得不反"的主旨。

这一解读方法关照文本,但不唯文本,而是积极调动任何有助于文本深入解读的要素。在这一理念下,世界、文本、作者、读者应该是和平相处的,但也并非要面面俱到,哪一个要素对文本阅读有关键作用,我们就将其搬上"舞台"。

如在解读杜甫的《蜀相》时,必须重点把握当时的写作背景才能把文本分析透彻;解读《峨日朵雪峰之侧》时,要着力分析作者的生活经历,才能体会诗歌的隐喻之意;解读《一个消逝了的山村》时,则要结合作者的自然观和生命观才能理解文中"余韵"的真正内涵;有时还要充分发挥读者的作用,如在解读《套中人》(鲁人版)时,在深入挖掘文本细节的基础上,可以从读者的角度对别里科夫曾经的生活状态进行想象:

曾经的别里科夫一定也拥有过无数美丽的梦想;然而,在多少次尝试,多少次碰壁,多少次被扼杀之后,他开始变得谨小慎微,开始把自己装进套子里。四十年来,他一层一层地把自己包裹起来,这是一种何等的痛苦与无奈。在无人知晓的寒冷深夜,蜷缩在套中的别里科夫一定也有过许多泪水和挣扎,直到最后一滴眼泪流干,成为一个"干枯"的人,再也没有了血性,没有了情感,没有了欢笑,没有了生活乐趣,没有了灵魂,连最动人的爱情也无法将他滋润。于是,他成了装在套子里的人,成了一个社会的傀儡,成了一个时代的符号。

如此一来,我们对别里科夫这一人物便有了更为立体的认知,能够感受到别里科夫灵魂最深处的疼痛与震颤,进而把握这一形象的社会寓意。

三、细读原点

文本细读时选择的切入点我们称为"细读原点"。细读原点的选择,对文本细读起着至关重要的作用,细读原点要能凸显文本的特点,要有深入挖掘的价

值,可以从以下几个角度考虑:

(一) 文本的体裁

1. 小说:关注"典型要素"

小说的文体特征鲜明,构成要素清晰,人物、情节、环境三要素相互影响,共同指向对主旨的揭示。不同的小说中,作者对不同要素的用力也不同,有的侧重环境描写,有的侧重人物刻画,有的侧重情节设计。一篇小说中作者要着力突出的要素,便是这篇小说的"典型要素",也是解读这篇小说的关键;因此,小说解读可以从"典型要素"入手,由点及面,深入挖掘,达到深度解读文本的效果。

人物形象是多数小说要重点突出的要素,因此也是文本细读一个常用的切入点。在分析人物形象时,可以从"文本视角下的人物""时代关照下的人物""作者寄寓下的人物"三个维度入手分析人物形象,深入解读文本。

如解读契诃夫的经典小说《装在套子里的人》(统编版)时,便可以以"套中人"这一典型形象为切入点。首先从别里科夫的外貌、语言、行为、居住环境入手,初步把握其胆小、保守、可笑的形象特点,把握文本视角下的"套中人"。

在此基础上,我们可以通过剖析"怕与被怕"(别里科夫害怕周围的一切,而他所在的中学甚至全城都被他辖制)的矛盾,结合特定的社会背景,站在时代的视角下重新解读人物,思考特定时代背景下特定人群的特定行为,明白畸形社会中人与人之间的病态的关系,感受时代关照下的"套中人"可恶、可恨的一面以及当时社会的黑暗。

从多角度把握"套中人"的形象特点后,我们还要思考,作者塑造这样一个形象的目的何在,即作者在人物身上有何寄寓。当明白了"套中人"不仅仅指别里科夫这样的人,还指受过先进思想教育、本应选择战斗却选择了沉默和屈服的"我们",以及所有妥协沉默的人,我们便对这篇文章的写作目的有了更为深入的理解:作者在对个体命运的讲述中蕴含着对社会群体的关照与社会根源的反思,契诃夫刻画这样一个形象不仅仅是为了批判,更意在唤醒,唤醒当时人们的人性和斗志,唤醒整个病态的社会。

也可以从人物的典型特点入手来解读文本,如茹志鹃的小说《百合花》中

"我"和"新媳妇"的心理变化非常明显。"我"的心理发生过"生起气来"—"发生了兴趣"—"着恼"—"越加亲热起来"—"这都怪我了"—"从心底爱上"的变化；"新媳妇"的内心有过"借被子"与"不借被子"的矛盾，"擦身子"与"不擦身子"的犹豫。变化背后站立的是通讯员和新媳妇两个真实而生动的形象，两个百合花一样高洁的灵魂。

小说的解读还可以借助其他要素，如典型的物象，在解读铁凝的经典名篇《哦，香雪》时，可以以物象"火车"为细读原点，借助"火车"的"目光"所及，来分析故事发生的特定环境；围绕香雪"看火车"—"追火车"—"上火车"—"下火车"的过程，把握主人公的自我觉醒、成长和突围；借助火车上两类不同的人群、两种不同的文明交流与碰撞，探究作者对当时社会发展和城乡文明融合的美好期待。

2. 散文：抓住文章之"神"

散文最突出的特点是"形散神聚"，散文文本细读必须以文章之"神"为切入点，以"神"统"形"。

以林语堂的散文《动人的北平》为例，文章虽然借助多种手法描写了多变的场景、多样的人群、多姿多彩的生活状态，但最终落脚到一个词——"动人"。解读本文便可以从"动人"入手，分析"动人的北平"，把握北平的特点；分析动人的《动人的北平》，揣摩多维度描写的技巧，以及修辞生动、句式多样、风格雅俗交融的语言艺术等艺术特色；分析"动人的林语堂"，体味文章背后林语堂的北平情结，林语堂的"泛美"倾向，林语堂的平民意识，林语堂的乐观态度。

又如，《我与地坛(节选)》一文用深沉而富有哲理的语言、细致生动的景物描写、细腻准确的人物刻画，展现了史铁生对苦难与生命的思考、对母爱的认知与歌颂，手法灵活多样，情感复杂真挚。文本始终围绕着一条主线"精神的自我突围"展开，本文解读时便可以以此为切入点。

精神的一重突围——生死问题的深刻思考。品味文本中富有哲理的语言，赏析三处景物描写，剖析作者对生与死问题的思考，体悟作者在肉体和精神的双重困境下由绝望到奋起的过程。

精神的二重突围——伟大母爱的深沉歌颂。感受作者对母爱由浅到深的认知过程,由年轻时无法真正体会母亲的关爱、不能为她着想,到回忆过往点滴时对母爱的深刻体悟,再到母亲逝去后无限的愧疚。

精神的三重突围——"活"的意义的深邃顿悟。认真揣摩文中一段话:

> 随着小说获奖的激动逐日暗淡,我开始相信,至少有一点我是想错了:我用纸笔在报刊上碰撞开的一条路,并不就是母亲盼望我找到的那条路。年年月月我都到这园子里来,年年月月我都要想,母亲盼望我找到的那条路到底是什么。

在此基础上探究母亲期盼的、作者找寻的"路"是一条什么样的路,史铁生在经历生活苦难、感受母爱伟大之后对"怎样活的问题"有怎样的重新定义和思考。

3. 戏剧:把握矛盾,品味语言

戏剧的细读常见的切入点有两个:一是把握矛盾冲突,二是品味戏剧语言。

如解读《茶馆(节选)》一文时,便可以从人物之间的矛盾冲突入手,把握人物形象特点,分析人物之间的核心矛盾及矛盾的本质,进而把握当时的社会现状以及老舍先生的写作目的。

矛盾双方	人物身份	核心矛盾	人物形象	矛盾本质
常四爷与二德子				
常四爷与马五爷				
康六与刘麻子				
秦仲义与王利发				
秦仲义与常四爷				
秦仲义与庞太监				
常四爷与宋恩子、吴祥子				

在解读《玩偶之家(节选)》一文时,则可以从语言入手:通过海尔茂在看到两封信前后对娜拉称呼的变化,把握海尔茂虚伪、无情、自私的性格特点,以及以娜拉为代表的女性在家庭中地位丧失的社会问题;对比面对海尔茂看完两封信前后的表现,娜拉台词长短的变化,把握娜拉内心觉醒的过程;品味文中的繁笔与简笔,分析繁笔对人物精细刻画和激化矛盾冲突的作用,把握简笔所营造的回味无穷、发人深省的效果;揣摩倒装句表现出的特定情境下人物的典型心理状态。

分析戏剧的语言，还可以从另一个角度——潜台词入手。叶圣陶先生曾说："文艺作品往往不是倾筐倒箧地说的，说出来的只是一部分罢了，还有一部分所谓言外之意，弦外之音，没有说出来，必须驱遣我们的想象，才能够领会它。如果拘泥于有迹象的文字，而抛却了言外之意、弦外之音，至多只能够鉴赏一半；有时连一半也鉴赏不到，因为那没有说出来的一部分反而是极关重要的一部分。"[1]戏剧中人物的潜台词往往耐人寻味，引人深思。如在分析《雷雨（节选）》中的人物形象时，可以以周朴园这一形象为例，揣摩其典型言行背后的潜台词，分析他的性格特点。

	周朴园的言行	潜台词	对鲁侍萍的态度	性格特点
周朴园 周朴园 周朴园	（忽然严厉地）你来干什么？ 谁指使你来的？ （冷冷地）三十年的工夫你还是找到这儿来了	你有什么不可告人的目的？ 你的同伙是谁？ 我知道你不死心，早知道你会来	冷言责问	无情 冷酷 伪善 狡诈 多疑 自私自利
周朴园	你可以冷静点。现在你我都是有子女的人。如果你觉得心里有委屈，这么大年纪，我们先可以不必哭哭啼啼的	别闹，事情闹大了对谁都不好	安抚哄骗	
周朴园 周朴园	那更好了。那么我们可以明明白白地谈一谈。 话很多。我看你的性情好像没有大改，——鲁贵像是个很不老实的人	你要多少钱，痛痛快快地说。 鲁贵不好对付，你最好不要让他知道我们的事，否则后果很严重	威逼利诱	

基于对周朴园这一形象的认知体验，我们便可以通过揣摩人物的潜台词完成对其他人物形象的分析。

4. 诗歌：意象、情感、隐喻

无论是古代诗歌还是现代诗歌的解读，意象的把握是关键。

古代诗歌解读，可以从探究意象和作者情感的关系入手，深入剖析。如在

---

[1] 《叶圣陶语文教育论集》（上册），教育科学出版社，1980年，第265页。

解读李白名篇《将进酒》时，我们便可以围绕"将进酒"中的"酒"字与"万古愁"中的"愁"字入手，通过分析李白饮酒的状态，进而发掘"酒"背后的"愁"。在解读杜甫《蜀相》时，可以从"一个祠堂"和"一位蜀相"入手，把握诗歌意境，分析形象特点，体悟作者情怀，感受杜诗风格。

现代诗歌往往具有意象极具隐喻性、结构富有跳跃性和语言呈现陌生化的特点，把握好意象和隐喻的关系，是细读的关键。如解读《峨日朵雪峰之侧》，我们既要通过对意象的分析把握"诗歌之境"，即一个艰难、痛苦而又坚定、执着的攀登者攀登山峰的过程及感悟；又要结合作者的经历读出意象隐喻下的"现实之境"，感受作者面对生命困境迸发出的无穷张力。

（二）文本的突出特点

有些文本有着非常突出的特点，解读时便可以从这些特点入手。如苏轼《江城子·乙卯正月二十日夜记梦》是悼亡诗的佳作，诗中蕴含着苏轼浓烈的情感，而苏轼为了表达情感运用了非常高妙的抒情艺术。解读该诗便可以从其抒情艺术入手，赏析苏轼构筑的"你""我"交融的两人世界、饱含深情的数词的使用、别具匠心的场景设置以及诗中多处富有张力的"悖论"，从而体会诗歌真挚的情感。

李斯《谏逐客书》和李密《陈情表》都表现出了高超的说理艺术，解读这两篇文章便可以从说理技巧入手，分析其严谨的逻辑、巧妙的构思、精当的用词等。

《阿房宫赋》充分体现了赋"铺采摛文，体物写志"的特点，对阿房宫的描绘可谓"穷形尽相"，对阿房宫的修建和焚毁却仅仅用了"六王毕，四海一，蜀山兀，阿房出""戍卒叫，函谷举，楚人一炬，可怜焦土！"两句话。在解读时，可以"繁中取简"，从两处简笔入手，品味用词之准确恰当，构思之巧妙严谨，留白之意蕴深长。

（三）阅读中的疑问

在文本解读时，我们难免会产生一些疑问，这些疑问同样可以作为文本细读的切入点。

《五代史伶官传序》是欧阳修的传世名篇，当读到"与尔三矢，尔其无忘乃父之志！"时，我们难免会产生这样的疑问：晋王临终之时，"与尔"的为何是"三矢"？我们可以将此作为切入点，剖析文本，并结合特定的历史事件，探讨"三矢"的特定内涵升华和固化的过程。

又如,在解读《归去来兮辞(并序)》时,可能会产生两个疑问:

一是,小序中提到文章写于"乙巳岁十一月",陶渊明辞官的时间在冬季,两者正好相契合,但是文中的多处描写明显和这一时间不符,如"木欣欣以向荣""农人告余以春及,将有事于西畴""或植杖而耘耔"等,如何解释?

二是,我们对陶渊明的既定印象是归隐田园的洒脱与乐观,《归去来兮辞(并序)》是展现其洒脱乐观的代表作。然而,从文中一些句子中,如"既自以心为形役,奚惆怅而独悲""世与我而相违,复驾言兮焉求?""胡为乎遑遑欲何之?富贵非吾愿,帝乡不可期",我们又能读出一些自我安慰的悲凉意味,该如何理解?

我们可以从以上两处疑问入手,结合陶渊明的其他作品深入剖析他辞官后的内心世界。

(四) 文本的版本差异

不同版本的教材选入同一篇文章时,存在选用不同版本的文本甚至删改原文的现象。这些版本的差异、删改的细节同样可以作为文本细读的切入点。

如《喜看稻菽千重浪——记首届国家最高科技奖获得者袁隆平》统编版和粤教版课文小标题截然不同:

	统编版	粤教版
第一节	曾记否,到中流击水	实践是他发现真理的途径
第二节	创新是科学家的灵魂和本质	创新是他的灵魂和本质
第三节	事实是科学家的空气	实事求是是他的立场和态度
第四节	饥饿的威胁在退却	引领"绿色革命"是他的心愿

解读这篇文章时,便可以从小标题的对比入手,结合文本探讨不同标题突出的侧重点有何不同,在凸显袁隆平的品格上效果有何差异。

又如,统编教材和鲁人版教材都节选了契诃夫的名篇《装在套子里的人》(鲁人版教材使用的标题为《套中人》),两个版本的教材在内容的删减上有较大的差异,统编教材较鲁人版教材在原作的基础上删去了更多的内容,在删去的内容中有几处非常值得我们揣摩:

删减1:伊凡·伊凡内奇想说点什么,嗽了嗽喉咙,可是他先点燃烟斗,瞧了瞧月亮,然后才一板一眼地讲起来:

"是啊,有思想的正派人,既读屠格涅夫,又读谢德林,还读勃克尔等等,可是他们却屈服,容忍这种事……问题就在这儿了。"①

删减2:我们都去送葬,那就是说,所有中学校和宗教学校的人都去了。这时候他躺在棺材里,神情温和、愉快,甚至高兴,仿佛暗自庆幸终于装进一个套子里,从此再也不必出来了似的。是啊,他的理想实现了!②

删减3:啊,自由啊,自由!只要有一点点自由的影子,只要有可以享受自由的一线希望,人的灵魂就会长出翅膀来。③

我们可以揣摩这些内容删减前后的表达效果,来把握人物形象所蕴含的批判性以及作者的写作意图。

(五)文本解读的支架

文本解读在很多时候需要借助支架,支架同样可以作为文本细读的切入点。如在解读《烛之武退秦师》时,可以借助文字学这一支架,通过对《说文解字》中"围""戍""盟"三字本义的分析,来探究秦晋围郑的真正目的、秦伯退兵的原因以及春秋时期利益至上的外交关系。

以阅读支架作为细读原点也可以用在文本的对比鉴赏中,如歌德的《迷娘(之一)》和特朗斯特罗姆的《树和天空》,两首诗歌有着各自鲜明的特色,前者是深情的倾诉,后者是理性的思考。我们便可以借助"改写"这一支架来解读这两首诗,先通过改写来理解《迷娘(之一)》运用的多样手法以及诗人炽烈的感情。然后将《树和天空》仿照《迷娘(之一)》的形式进行改写,通过对比体会《树和天空》叙事主体独特、想象新奇、语言凝练的特点,进而理解特朗斯特罗姆与众不同的诗歌理念。

(六)群文阅读细读原点的选择

群文阅读是围绕特定的议题,选取一组有内在逻辑关联的文章进行阅读的

---

① 契诃夫著、汝龙译:《契诃夫短篇小说选》,人民文学出版社,1992年,第601页。
② 契诃夫著、汝龙译:《契诃夫短篇小说选》,人民文学出版社,1992年,第609页。
③ 契诃夫著、汝龙译:《契诃夫短篇小说选》,人民文学出版社,1992年,第610页。

阅读方式。其目的是由读懂一篇到读懂"一类"或读懂"一人"。群文阅读组文的理据可以是多维的,作家、体裁、题材、文题、文本内容、风格、阅读策略等均可以作为组文的依据。组文的原则可以从以下方面考虑:

横向比较。如将《谏太宗十思疏》《出师表》《谏逐客书》组群,进行建言类文本的群文阅读;将《阿Q正传(节选)》和《边城(节选)》组群,对比小说"揭丑"和"示美"的不同意图;将《百合花》《哦,香雪》组群,鉴赏文本中的女性形象;将《阿Q正传(节选)》《孔乙己》《药》组群,鉴赏鲁迅作品中的"看客"形象;将柳永《望海潮》和姜夔《扬州慢》对比,分析同为描写城市风光的词,两者在内容和意趣上的不同特点。横向比较也可以从文本的一些细节入手进行鉴赏。如可以选取教材中《祝福》《复活(节选)》《林黛玉进贾府》等文本,鉴赏古今中外名篇中"形形色色的笑""形形色色的眼"等等。

纵向剖析。如将苏轼的一词二赋组群,分析黄州时期苏轼精神世界的蜕变;将同为送别词的柳永的《雨霖铃》与毛泽东的《贺新郎》组群,剖析毛词对柳词的继承与发扬。

联合思辨。如将《六国论》《阿房宫赋》《过秦论》组群,对文本中的一些观点进行质疑思辨,进而把握史论文的特点。

群文阅读阅读量大,涉及的内容更为丰富,仅仅确定议题还无法有序展开阅读,需要聚焦到一个更小的细读原点来切入。如在鉴赏柳永《望海潮》和姜夔《扬州慢》时,可以从两首词的语言入手,紧紧围绕语言的"直白与含蓄"进行鉴赏分析;在鉴赏苏轼黄州时期的三篇经典诗文《念奴娇·赤壁怀古》《赤壁赋》和《后赤壁赋》时,可以将文本中的人称变化作为细读原点,分析《念奴娇·赤壁怀古》中的"我"、《赤壁赋》中的"苏子"与"客"、《后赤壁赋》中的"予"三个形象的差异,进而探讨苏轼精神世界由儒家主导向释道主导的转变;在鉴赏《六国论》《阿房宫赋》《过秦论》时,可以"谎言还是妙论"作为议题,以三个疑问作为解读的切入点:"六国破灭"真的是"弊在赂秦"吗?阿房宫真的奢华无度吗?陈胜真的"才能不及中人"吗?在质疑与思辨中把握史论文的特点。

四、一文多解

一篇文章往往存在多个细读原点,因此可以从多个角度入手对文本进行多

维度的解读,从而更加立体全面地把握文章。如:

《装在套子里的人》,既可以从小说的要素之一人物形象入手,深入发掘,探究人物形象的多样性;也可以从版本差异的角度入手,揭示作品的批判性。

老舍先生在谈《茶馆》中的人物塑造时,提到了自己对主要人物和次要人物采取的方法截然不同,"主要人物自壮到老,贯穿全剧""无关紧要的人物一律招之即来,挥之即去,毫不客气"。我们在解读时便可以分别从这两个角度入手:一是从主要人物的形象特点、主要人物间的矛盾冲突入手深入挖掘文本,把握社会面貌,解读作品的时代意义;二是关注文本中"招之即来,挥之即去"的"无关紧要的人物",结合人物的出场时机和具体语言,分析其在揭示社会背景、激发矛盾冲突、营造作品意蕴等方面起的作用。

解读曹禺先生的《雷雨(节选)》时,可以从人物的角度入手,通过分析周朴园身份的转换,把握其形象的多重性;通过对其身份叠加的分析,把握其在个人情感和家庭伦理上的悲剧性;也可以从语言的角度入手,分析《雷雨(节选)》中周朴园对自己、周朴园对鲁侍萍、鲁侍萍对周朴园耐人寻味的称呼变化,把握周朴园自身的矛盾性、人性的复杂性以及鲁侍萍的传统意识和具有局限性的反抗精神。

第二章
文本细读案例举隅

古诗文名篇单篇细读

《将进酒》里的"酒"与"愁"透析

有人曾这样评价李白:酒是引子,愁是血液,狂是脊梁。

李白一直抱有"济苍生""安社稷"的志向,虽两入长安,但最终被"赐金放还"。狂放与浪漫的天性,理想与现实的矛盾,使李白爱酒成为一种必然。从李白写酒的诗句中,我们可以感受到他张扬的个性,浪漫的情怀;感受到他的洒脱乐观,他的孤独寂寞……但细细品味,在李白的酒杯中总能品出满满的愁绪。

"酒"与"愁"在他的千古名篇《将进酒》中更是贯穿始终。循着这两条线,我们可以用两个问题把整首诗的内容和情感贯穿起来:

面对美酒,李白举杯_____饮。

高举酒杯,诗人借酒_____。

一、酒为线

"李白斗酒诗百篇,长安市上酒家眠。"李白的酒喝得酣畅淋漓,纵情恣意。

面对美酒,李白举杯____饮。

(一) 欢饮

"人生得意须尽欢,莫使金樽空对月。"

此次宴饮,李白是和好友岑勋、元丹丘一起的。岑勋虽生平不详,但李白在《送岑征君归鸣皋山》中称他"岑公相门子,雅望归安石",可见对他的评价之高;在《酬岑勋见寻,就元丹丘对酒相待,以诗见招》中说"不以千里遥,命驾来相招",可见两人感情之深。元丹丘更是李白的至交,据统计,《李太白全集》中写给他的诗有 11 首之多,"畴昔在嵩阳,同袭卧羲皇"(《闻丹丘子于城北山营石门幽居》),两人还曾一起归隐过。好友相聚,正是得意之时,怎能不举杯欢饮?

(二) 豪饮

"烹羊宰牛且为乐,会须一饮三百杯。"

李白善用数字来表现夸张,并且用到了极致,"白发三千丈""桃花潭水深千尺""飞流直下三千尺""尔来四万八千岁""天台四万八千丈"……本来平常的数字,在李白的笔下却变得极其神奇。写物,极尽其形;写情,直击人心。诗中"三百杯"也并非确数,数字与夸张再度完美融合,极力写饮酒之多,李白性情之豪爽、气度之豪放、气魄之豪迈展现无遗。

(三) 畅饮

"岑夫子,丹丘生,将进酒,杯莫停。"

诗歌是生活的诗意,更是诗意的生活。酒至酣处,必然相互劝酒。李白不仅喜欢喝酒,而且擅长劝酒,在他的诗《嘲王历阳不肯饮酒》就有这样的句子:"笑杀陶渊明,不饮杯中酒。"诗人正是紧紧抓住了劝酒这一细节,以点带面,把当时宴饮的场景含蓄却又形象地展现在我们面前。透过这区区 12 字,我们可以想象诗人与朋友推杯换盏,开怀畅饮的场景;可以想象他醉意朦胧,举杯劝酒,呼朋引伴的画面;可以体会他酒至酣处,以至于放声高歌的心境。

(四) 痛饮

"钟鼓馔玉不足贵,但愿长醉不复醒。"

"且乐生前一杯酒,何须身后千载名。"酒后的李白才是真正的李白,诗人放荡不羁的个性展露无遗。什么高妙的音乐,什么精美的食品,在此时的李白看来,都不值得珍惜。他只愿痛饮眼前的杯中美酒,长久地醉去不再醒来。

(五) 纵饮

"陈王昔时宴平乐,斗酒十千恣欢谑。"

诗人由"饮者"联想到曹植。两人是何其相似!同样的才高八斗,同样的侠气满身,同样的遭遇坎坷……诗人化用曹植《名都篇》中"归来宴平乐,美酒斗十千"两句,希望自己可以效仿曹植,纵情饮酒,尽情欢乐。

(六) 狂饮

"主人何为言少钱,径须沽取对君酌。五花马、千金裘,呼儿将出换美酒,与尔同销万古愁!"

如此好的酒兴怎能容忍主人"言少钱"来煞风景。他反客为主:先把酒买来,喝个痛快再说,于是便呼唤童仆,将自己的五色骏马、千金皮裘,拿将出来换美酒。此时诗人已近癫狂,忘掉了一切世俗的约束。之前还对友人以"君""夫子"相称,此时已经"忘形到尔汝"了。

二、愁满篇

"穷愁千万端,美酒三百杯。"细细品味,这一杯杯酒中却蕴含着诗人复杂的情感。

高举酒杯,诗人借酒____。

(一) 借酒悲歌

"君不见黄河之水天上来,奔流到海不复回。君不见高堂明镜悲白发,朝如青丝暮成雪。"

从孔子的"逝者如斯夫,不舍昼夜"到汉乐府中的"百川东到海,何时复西归",从苏轼的"大江东去浪淘尽,千古风流人物"到杨慎的"滚滚长江东逝水,浪花淘尽英雄"……面对滔滔的江水,面对时间的流逝,人们总会感到自身的渺小和生命的短暂。李白也不例外,面对从"天"而来的黄河之水,想到"高堂明镜"中的"白发""朝如青丝暮成雪",悲意顿生。"朝""暮"用大胆的夸张形容人生之短暂,把人生之可悲写到极致。

据清代黄锡珪考证,这首诗大约作于天宝十一年(752),李白已经 51 岁,"高堂明镜"中的白发已经布满了他的两鬓。想到自己当初满怀雄心壮志来长安寻求功名,如今却功业无成,诗人内心淤积的情绪如黄河之水喷薄而出。

(二) 借酒言欢

"人生得意须尽欢,莫使金樽空对月。天生我材必有用,千金散尽还复来。烹羊宰牛且为乐,会须一饮三百杯。"

酒酣之时,李白暂时忘却了一切的烦恼,得到了片刻的欢愉。这种欢愉之情,既来自挚友相伴,美酒满杯,互诉衷肠;更来自他"前无古人,后无来者"的自信。就算是处境艰难,他仍然相信"天生我材必有用",他仍然相信"我辈岂是蓬蒿人",他仍然相信会有"长风破浪会有时,直挂云帆济沧海"的一天。

(三) 借酒抒愤

"钟鼓馔玉不足贵,但愿长醉不复醒。古来圣贤皆寂寞,惟有饮者留其名。陈王昔时宴平乐,斗酒十千恣欢谑。"

鲁迅先生在《娜拉走后怎样》中曾说:"人生最苦痛的是梦醒了无路可以走。做梦的人是幸福的;倘没有看出可走的路,最要紧的是不要去惊醒他。"[①]这句话可以说是李白当时心境的真实写照。酒只能换来片刻的麻醉,"借酒消愁"的结果只能是"愁更愁"。

胸怀大志,两入长安,却被谗人离间,最终被"赐金放还",此时的李白在现实中似乎看不到一点的希望,于是他发出了"但愿长醉不复醒"的感慨。"千秋万岁名,寂寞身后事",此时的李白感受着前所未有的寂寞,无人理解,无人懂得。因此,他便以古人自慰:自古贤者不都是寂寞的吗?能够留名后世的不都是那些醉酒的"饮者"吗?当然,这只是李白的激愤之语。于是,他想到了曹植,一个和他有着诸多共同之处的少年才俊。李白对曹植的描写,选择的是曹植行

[①] 《鲁迅全集》第一卷,人民文学出版社,1973 年,第 145 页。

猎归来，欢宴行乐的场景——"陈王昔时宴平乐，斗酒十千恣欢谑"，为的是借曹植当年一掷千金，宴饮买醉的豪情寻求一丝安慰。当然，李白也深深地明白，他与曹植更大的相似之处是境遇的失落：一个是"本是同根生，相煎何太急？"，一个是"君王虽爱蛾眉好，无奈宫中妒杀人"。

（四）借酒消愁

诗人复杂情感的最终落脚点是愁，全诗以愁开始，以愁作结，可以说是句句含愁，字字含愁，"愁"将整首诗中各种情绪凝结为一体，贯穿始终。

他虽有豪情壮志，但无奈白发已生，他愁人生易老；他虽高歌"人生得意须尽欢"，但无奈自己正是失意之时，他愁生不逢时；他虽然寄情于眼前的美酒，但无奈金樽已空、酒杯已停，他愁酒难尽兴；他虽然自信才华横溢，但无奈自己无人赏识，他愁怀才不遇；他虽然慷慨大方，一掷千金，但无奈千金散去难复来，他愁人生无常；他虽然渴望长醉梦境不复醒来，但无奈梦境易醒，他愁解脱不得；他虽明白古来圣贤均饱尝寂寞，但无奈自己更是难有人懂，他愁知音难觅；他虽羡慕陈王曹植纵饮欢谑，但无奈他却不能，他愁宣泄无门……

附：《将进酒》脉络图

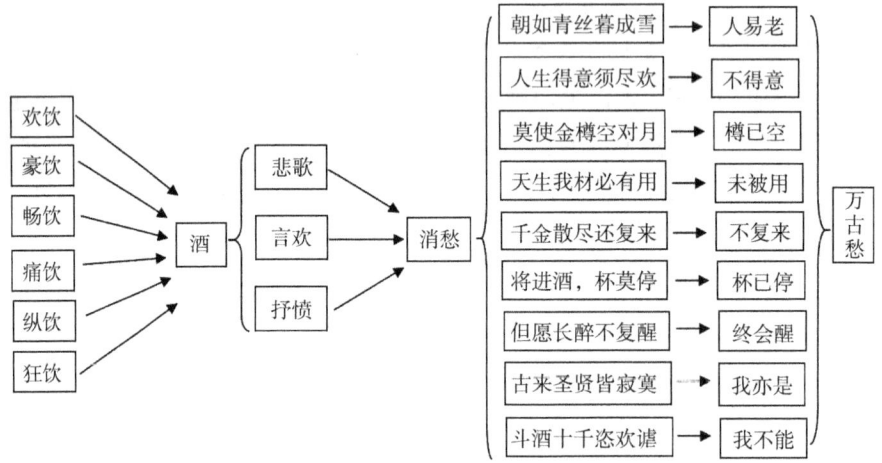

品五个"一" 读懂《蜀相》

《蜀相》是杜甫的传世名作,雄浑悲壮,沉郁顿挫,震撼人心。诗人游览古迹、凭吊先贤、追慕蜀相、感伤自身,字里行间流露出称颂之意、仰慕之情、叹惋之感、自伤之苦。我们可以通过品味诗中的五个"一"来赏析全诗,感受诗圣之魂。

一、欣赏一座祠堂

这首诗是杜甫寻访诸葛亮的祠堂——武侯祠时写下的。诗的开篇"丞相祠堂何处寻"一句看似平常无奇,却意味深长,写出了祠堂的幽僻、荒芜。诸葛亮于蜀、于成都的重要性不言而喻。他站在了一个别人无法企及的高度,甚至可以说是一个时代、一个地域的精神和文化的符号。而今,丞相的祠堂却不知在何处,一方面或许是因为杜甫初到成都,并不熟悉;另一方面,足见祠堂少人问津。此时,诗人虽未见到祠堂,也未直接写祠堂;但祠堂之荒芜已经清晰可见,真实可感。"何处"后加一"寻"字,更见祠堂之幽僻,少人拜谒,诗人只能独自找寻。我们甚至可以想象,诗人走上蜿蜒的小路,几经曲折,几度驻足,几番徘徊,方见祠堂的情景。读完此句,荒芜之感骤起,悲凉之意顿生。

诗人找寻祠堂,但真正见到祠堂时又不直接描写,仅写祠堂的环境。在祠堂周围的诸多景物中,诗人最先选取的是祠堂前"森森"的柏树,作者并非随意为之,这一意象蕴含了诸多况味:

其一,祠堂之前柏树成荫,高大茂密,窥一斑而知全豹,可以想象,当时祠堂周围必定杂树交错。"国破山河在,城春草木深""过春风十里,尽荠麦青青",越是草木茂盛,越见荒芜。然而,诗人并没有把这种荒凉一下子呈现在我们面前,给我们留下了丰富的想象的空间。读此句,想其景,荒凉感透过"森森"的柏树的枝叶扑面而来,伴随我们的思绪在我们的脑海中无限拉长和蔓延。

其二,柏树高大挺拔、枝叶繁茂,斗寒傲雪、常年不凋,素为正气、高尚、坚韧、不朽的象征。看到柏树我们便不难联想到诸葛亮,他对蜀鞠躬尽瘁,对主忠心不二,一生都在与对手、与命运、与天地顽强地抗争。柏树苍翠挺立,又何尝不是在向后人昭示蜀相的精神不倒、蜀相的品格永存?

其三,据《儒林公议》《成都记》等记载,祠堂前的柏树,是诸葛亮亲手所植。柏树"森森",种树之人却已不在,不免让人想起韦庄的"无情最是台城柳,依旧烟笼十里堤"。英雄已被滚滚浪花淘尽,风流已被雨打风吹去,物是人非的悲凉意味油然而生。

诗歌的颔联,"碧草""春色""黄鹂""好音",多么美好的意象,多么富有生机的画面,多么唯美的意境。读来愉悦心动,观之神清气爽。然而,杜甫却将一"自"、一"空"嵌入其中,掩映阶台的葱葱碧草只能空自展现着一派勃勃盎然的春色,枝繁叶茂间的多情黄鹂只能徒劳地啼鸣着阵阵宛转的清音。一"自"一"空"使得所有撩人的春色趋于黯淡,使所有的花香鸟语归于空寂,生机盎然之意顿失,祠堂荒凉之状立显,诗人惆怅之情骤起。《杜诗解》中曾这样评论:"碧草春色,黄鹂好音,入一'自'字、'空'字,便凄清之极。"[①]

本诗意在写蜀相,却用了一半的篇幅在写祠堂;虽说是在写祠堂,却又对祠堂的结构布局不着一字;但读完全诗,我们未觉前两联有冗繁之感,祠堂之貌也清晰可见,更重要的是环境的渲染让我们对蜀相的出场充满了期待。

二、走近一个丞相

有人曾用一副对联概括诸葛亮的一生:收二川,排八阵,六出七擒,五丈原前,点四十九盏明灯,一心只为酬三顾;取西蜀,定南蛮,东和北拒,中军帐里,变金木土爻神卦,水面偏能用火攻。诸葛亮的人生经历如此丰富,功绩如此卓著,很难用一两句话来概括。此时,老杜站位之高和笔法之老辣便显现了出来,他只截取诸葛亮一生的两个片段:三顾茅庐,隆中对;辅佐二主,赤诚心。诗人用最少的笔墨突出了诸葛亮身上两个最光辉的品格:天下计,见匡时雄略;老臣

---

① 〔清〕金圣叹著、周锡山编校:《唱经堂第四才子书杜诗解》,万卷出版公司,2009年,第99页。

心,见报国苦衷。①

　　至此,杜甫追慕诸葛亮的心迹已经显露无遗。但是,诗的题目却耐人寻味,杜甫没有用诸葛亮、诸葛、孔明、卧龙等人们熟悉的字眼,却用了"蜀相"二字,用意何在？提到诸葛亮、诸葛、孔明、卧龙等,我们想到的是他谈笑自若、运筹帷幄的神态,是他的个人才能、英雄事迹；但是,提到"蜀相"我们首先想到的是他的政治身份。"蜀相"是一个充满历史厚重感和家国情怀的词语,当诸葛亮被冠以这个称呼时,他便不再作为一个单独的个体而存在,而是和蜀国命运、社稷苍生紧密地联系在一起,他的才能、事迹便被放在了历史长河之中、家国背景之下。

　　杜甫寻访诸葛亮并不是站在个人的角度凭吊,而是站在国家的角度仰望。杜甫为什么这么写？我们需要关注当时的社会背景,本诗写于公元760年,唐朝正处于安史之乱中,国家动荡,生灵涂炭,田园荒芜；更为严重的是唐肃宗昏庸无能,信任宦官,猜忌功臣。深处乱世的杜甫把眼光放在诸葛亮"政治家和军事家"的身份上,渴望能有圣君礼贤下士,贤臣精忠报国,来匡扶风雨飘零、摇摇欲坠的大唐江山。

三、读懂一位诗人

　　杜甫旅居成都四年,"屡入武侯祠"(《诸葛庙》),写下了多首关于诸葛亮的诗篇。这些诗篇中,杜甫将对诸葛亮的尊敬、仰慕和对其"出师未捷身先死,长使英雄泪满襟"的悲叹交织在一起,如他稍晚一些的作品《八阵图》中,既写到了诸葛亮"功盖三分国,名成八阵图"的英雄业绩,也写到了"江流石不转,遗恨失吞吴"的无尽遗憾；《咏怀古迹五首》(其五)中既写到诸葛亮"三分割据纡筹策,万古云霄一羽毛。伯仲之间见伊吕,指挥若定失萧曹"的不朽功勋,也写到他对诸葛亮"运移汉祚终难复,志决身歼军务劳"的无尽叹惋。

　　杜甫如此去写诸葛亮既是他的真情流露,又在诸葛亮身上寄托了自己的理想,是借武侯运命以伸己志。《唐宋诗醇》:"老杜入蜀,于孔明三致意焉,其志有在也。"②杜甫之所以将自己心志寄托在"蜀相"之上,是因为在诸葛亮身上看到

---

① 〔唐〕杜甫撰、〔清〕仇兆鳌注:《杜诗详注》,中华书局,1999年,第612页。
② 〔清〕爱新觉罗·弘历编:《唐宋诗醇》,中国文学出版社,2000年,第388页。

了他和自己的相似之处：都经历乱世，都有政治理想，都理想未成。诸葛亮"受任于败军之际，奉命于危难之间"，呕心沥血，死而后已。杜甫少时便有"致君尧舜上，再使风俗淳"（《奉赠韦左丞丈二十二韵》）的政治理想，无奈仕途不顺，安史之乱爆发后，他更是冒着生命危险，只身投奔在凤翔的唐肃宗李亨，把希望完全寄托在李亨身上，满以为从此可以实现自己的政治理想；但是，不久就因为上疏救房琯，几遭不测，从此屡遭贬斥，后避居四川，开始了十年"漂泊西南天地间"的生活。

写本诗时，恰值杜甫生命中最后一个十年的开始，他暂时落脚在成都浣花溪畔的茅屋里，也就是著名的浣花草堂。此时的杜甫虽体弱多病，生活困窘，处境艰难，却"位卑未敢忘忧国"，仍怀扶危济难之心；故颈联既有对蜀相能够有机会临危受命的钦羡，亦有对其鞠躬尽瘁的敬佩。尾联提到蜀相功业不成，人已先去，英雄垂泪，这泪水又何尝不是杜甫自身怀才不遇、壮志难酬的泪水呢？

法国作家缪塞说，最美丽的诗歌是最绝望的诗歌，有些不朽的篇章是纯粹的眼泪。杜甫的《蜀相》便是用一滴滴眼泪写成的。不过，仅仅让人听到他的哭声，那就不是杜甫了。孟子曾用"穷则独善其身，达则兼济天下"来称赞一个人的德行，而杜甫怎样？杜甫的伟大之处在于不论穷达他都怀兼济天下之心。在人生最后的十年，他穷困潦倒，长期过着逃避战乱、漂泊湖湘的生活，深感"乱世少恩惠"（《宿凿石浦》），却仍然"减米散同舟，路难思共济"（《解忧》），仍然慨叹"北极朝廷终不改，西山寇盗莫相侵。可怜后主还祠庙，日暮聊为梁甫吟"（《登楼》）。写完《蜀相》3年之后，安史之乱结束，已经进入人生暮年且更为穷困的杜甫听到这消息，不禁惊喜欲狂，手舞足蹈，写下了著名的《闻官军收河南河北》："剑外忽传收蓟北，初闻涕泪满衣裳。却看妻子愁何在，漫卷诗书喜欲狂。白日放歌须纵酒，青春作伴好还乡。即从巴峡穿巫峡，便下襄阳向洛阳。"他喜极而泣，欣喜欲狂，把酒纵饮，喜悦之情溢于言表，早已经忘却了自身病痛，早已忘记窘迫的处境。这种欢喜是发自杜甫内心最深处的，是基于诗圣悲天悯人的情怀的。杜甫就是这样，心中装的永远是家国百姓，以饥寒之身而怀济世之想，处窘困之境而执家国之念。郭沫若称赞他："世上疮痍，诗中圣哲；民间疾苦，笔底波澜。"自古文士可以是民族的灵魂和良知，却难以成为民族的脊梁。陶潜站得稍稍远一点，李白站得稍稍高一点，杜甫似乎不是古人，就好像今天还活在我们堆里似的①,他是中华民族的脊梁!

细读本诗,当杜甫吟出"映阶碧草自春色,隔叶黄鹂空好音"时,这首诗就已经是千古绝唱了;当他吟出"三顾频烦天下计,两朝开济老臣心"时,他追慕先贤的情感和寻求自己政治理想的心迹已经显露无遗;当他吟出"出师未捷身先死,长使英雄泪满襟"时,一个处境困窘、自顾不暇却仍然心系天下的忧国忧民的诗圣的形象便赫然屹立于我们面前。因此,周汝昌曾这样说:"有人问:长使英雄泪满襟袖的英雄,所指何人?答曰:是指千古的仁人志士,为国为民,大智大勇者是,莫作'跃马横枪''拿刀动斧'之类的简单解释。老杜一生,许身稷契,志在匡国,亦英雄之人也。说此句实包诗人自身而言,方得其实。"②

四、品味一字精髓

诗人由祠堂写蜀相,借蜀相抒己怀。全诗的精髓都在一个"寻"字,诗人在现实中寻的是祠堂,在历史的长河中寻的是蜀相的功勋和精神,在自己的灵魂深处寻的是政治理想和精神慰藉,在家国的高度寻的是救国的路径、图强的方略。

诗人开篇便写自己寻祠堂,其实是为了寻蜀相。蜀相业绩和忠诚早已深深地印在诗人内心的最深处,站在柏树森森的祠堂之前,诗人的思绪逆历史长河而上,回到满是战火和硝烟的三国;找寻蜀相事迹,字里行间充满了诗人追慕先贤的执着感情和虔诚造谒的悠悠我思。

然而,这不是一次寻常拜谒,是两个高尚的灵魂的对话、交流和沟通。杜甫是用仰视的目光来看蜀相的,困窘不得志的杜甫在他的身上看到了很多自己理想中的东西。他也渴望能像蜀相一样有一个展现才能的舞台,能够为国家效忠,"鞠躬尽瘁,死而后已"。然而,现实却给了诗人一次次的打击,他一次次泪满衣襟,只能借助这种跨越时空的对话,来阐明自己的心迹,表达自己的政治理想,寻求一种精神的慰藉。

一个"寻"字,包含着他对诸葛亮的敬仰与怀念,充溢着个人的叹息和

---

① 刘大杰:《鲁迅谈古典文学》,《文艺报》,1956年第19号。
② 萧涤非等著:《唐诗鉴赏辞典》,上海辞书出版社,2004年,第511页。

泪水，同时也渗透着对现实的伤痛和思考、对国家的忧虑和期盼。此时，安史之乱已经持续了5年之久，杜甫看到了晚年的唐玄宗昏聩固执、轻信谗言，也亲眼见证了洛阳失守、长安沦陷，君储逃亡、民不聊生。当他"麻鞋见天子，衣袖露两肘"（《述怀一首》），把所有的希望都寄托在唐肃宗李亨身上时，现实又一次狠狠地打击了他。此时的杜甫多么希望国家能有刘备、诸葛亮这样的明君贤臣：君主能够"三顾频烦天下计"，寻访贤臣，求救国之道；臣子能"两朝开济老臣心"，鞠躬尽瘁，谋安邦之策。一个"寻"字便把历史和现实，把个人经历和家国命运紧紧联系在一起，蕴含着杜甫对人生、对理想、对历史、对现实深沉的思考。

五、感受一种诗风

提到杜甫的诗风，我们首先就会想到"沉郁顿挫"。何谓"沉郁顿挫"？清代吴瞻泰认为："沉郁者，意也。顿挫者，法也。"[①]后来的研究者也基本沿用了把"沉郁""顿挫"分开解读的思路。章培恒、骆玉明认为："所谓'沉郁'，主要表现为意境开阔壮大，感情深沉苍凉；所谓'顿挫'，主要表现为语言和韵律曲折有力，而不是平滑流利或任情奔放。"[②]袁行霈、罗宗强认为："沉郁，是感情的悲慨壮大深厚；顿挫，是感情表达的波浪起伏、反复低回。"[③]

虽然对于什么是"沉郁顿挫"，至今尚无定论；但是我们仍可以整体上感知"沉郁顿挫"的内涵：它多指诗歌的意境开阔壮大，内容深刻凝重，情感起伏跌宕，表情达意手法含蓄蕴藉、曲折有力。

杜甫诗歌自有一番壮阔之意境、深刻之思想。这是因为杜甫的诗深深地扎根于历史、扎根于社会现实之中。他把历史的兴盛、历史的沉重、现实的繁华、现实的悲哀，全部汲取到体内，用一颗灼灼的心去体悟、品味，反复咀嚼后，和着自己的热情、自己的理想、自己的泪水、自己的伤痛，将其幻化成一行行流传千古的名句。在《蜀相》中，杜甫用自己的目光、自己的思绪、自己的诗行串起历史、现在和未来，他站在唐朝的天空下回望三国，用历史的眼光打量凋敝的现

---

① 〔清〕吴瞻泰撰，陈道贵、谢桂芳校点：《杜诗提要》，黄山书社，2015年，第5页。
② 章培恒、骆玉明主编：《中国文学史》中卷，复旦大学出版社，1997年，第119—120页。
③ 袁行霈、罗宗强主编：《中国文学史》第二卷，高等教育出版社，1999年，第312页。

实,无助地眺望着未来。几百年的时空跨越、几百年的英雄悲歌、几百年的历史兴衰运诸笔端,诗中的意境何其壮阔。

杜甫的诗歌中很少单纯地抒发"小我"之情,他对个人情感的抒发更多的是放在广阔的历史背景下,放在对国家和人民的关照下,《蜀相》也不例外。本诗中也有杜甫对自身境遇的感伤,但是,这种感伤不同于浅显的儿女情长,不同于单薄的自伤自悼。他把自己的生命与历史相接,把自己的思想与上古相通,把自己的情感与国运相连。正如李敖在《北京法源寺》中说:"怀古的情怀,比怀今要醇厚得多。它在今昔交汇之中,也会令人有苍茫之情、沧桑之感,但那种情感是超然的,不滞于一己与小我,显得浩荡而恢廓。……你自己生命减少,但一旦衔接上古人的,你的生命,就变得拉长、变为永恒中的一部分。"①因此,每次读《蜀相》,都感觉它沉甸甸的。

本诗中杜甫的情感跌宕起伏、一波三折,我们可以用下图表示:

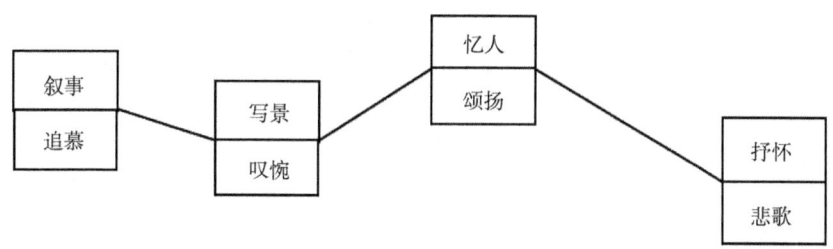

诗人寻访之初,充满了期待,内心是非常急切的,这来自他对先贤的仰慕。然而,"寻"的结果却是满眼荒芜、悄无人迹,诗人的内心便有了一种巨大的落差,字里行间充满着对这位英雄的无限惋惜。凭吊之时,沧桑历史随作者思绪而来,英雄事迹在作者脑海里不停浮现。杜甫心中那个高大的蜀相形象仿佛就真切地立在他的眼前,诗人心情也随之上扬。在这首诗的最后一句,诗人的内心到达了低谷,而整首诗的情感却达到了最高潮,此时,百般感慨、万种愁绪一时涌上作者心头,他也只能泪满衣襟,慷慨悲歌。

《蜀相》融叙事、写景、忆人、抒怀为一体;但是,无论是叙事、写景,还是忆人、抒怀都含蓄蕴藉、耐人寻味,字里行间有一种无穷的张力。叙事、写景时,杜甫非常讲究炼字,"寻"字给读者留下了悬念,与后文之景形成对比;"自""空"皆

---

① 李敖:《北京法源寺》,中国友谊出版社,2000年,第269页。

有言外之意,字字写景,字字含情,也为后面的忆人、抒怀做了铺垫。诗人对情感的表达更是耐人寻味,将个人情感融入家国情怀,将不同情感交织在一起,品味本诗的情感就如同剥笋一般,一层之下更有一层,一层更比一层耐人咀嚼,忧中显悲,悲中含壮。

风格是一位诗人人生的经历、个人的情怀、内在的精神以及对历史、社会的思考通过作品的外在体现。杜甫诗歌的沉郁顿挫源自他坎坷的人生经历,源自他炽烈而深沉的情感,源自他博大的情怀。其实,我们无须细究到底何为"沉郁",何为"顿挫",我们只需用心体会,毕竟有些东西只可意会,难以言传。当我们读到一首诗时能真切地体会到,这就是李白,这就是王维,这就是杜甫,而且只能是杜甫,那就够了!

"一曲淋铃泪数行"
——《雨霖铃》中的情感透视

离别是一个亘古的话题,凝结着文人墨客永恒的愁绪。在众多描写离别的诗词中,柳永的《雨霖铃》是不能不提及的一首。柳永选取了一个极富悲情的词牌来讲述自己的故事,表达自己的情感。唐玄宗和杨贵妃的故事还在耳畔回响,作者却要和自己心爱之人分别,这"夜雨淋铃"之声从唐代绵延而至,让词人肝肠寸断。

全词的内容可以浓缩为三个字——"伤离别",全词围绕"离别"展开,表现词人离别之"伤"。

词的上阕虽未见一个"离"字或"别"字,却句句写离别,字字写离别。开篇三句借典型时间、典型地点、典型天气下的典型事物为我们描绘了离别之景。傍晚是悲凉之时,长亭是送别之地,骤雨营造凄清之境,寒蝉鸣唱离人悲歌。自然之中的、诗人内心的凉意被拉长再拉长。这看似简单的意象的叠加,实则是词人独运的匠心。眼前所见、耳边所闻无不饱含作者的深情,句句凄凉,字字悲切。

在如此环境之中与心爱之人告别,本就平添几分悲楚;更令人无奈的是,正当二人依依不舍、留恋情浓之时,开船的号子却无情地响起,看着慢慢张开的船帆,听着一声声焦急的催促,词人哪里还有心情饮下这满满的一杯离愁别绪!

"留"的渴望和"别"的无奈,恋人的"深情"和船家的"无情"交织的矛盾之下,词人和心爱之人分别的神态定格为一个经典的瞬间——"执手相看泪眼,竟无语凝噎"。这两句虽寥寥十一字,却力敌千钧。"执手"化用《诗经》的名句,象征着至死不渝的爱情,"执子之手"本为"偕老",词人"执手"却为离别,真是别有一番滋味在心头。分别之际,没有千言万语,没有嚎啕痛哭,只有泪眼相对,只有凝噎无语,这却是最悲痛情感的最真实的写照。词人想说不想说?肯定是万千言语郁于胸间,百般愁思涌上心头。然而,该如何去说?该从何说起呢?欲诉却无语,悲泣而无声。分别之际的那几多留恋、几多不舍、几多悲伤、几多无奈都化作千行泪水无声地流淌，却比千言万语、相拥痛哭更为悲切。这两句与苏轼在悼念亡妻时发出的"相顾无言，惟有泪千行"的悲叹有异曲同工之妙，可谓"此时无声胜有声"。

离别时的无奈已让词人满心悲痛，想到离别后的前路，词人更是心绪难宁。"念去去，千里烟波，暮霭沉沉楚天阔"，江面千里浩瀚，却被茫茫雾气覆盖；天空高远辽阔，却被沉沉暮霭笼罩。阴郁的色调，迷茫的意境，一种压抑之感扑面而来。词人想到自己马上就要走进这"暮霭""楚天"之中，想到这一去一程又一程，离心爱之人越来越远，无尽的悲苦、无限的愁思涌上心头，是前路的迷茫暗淡了词人的心境，更是词人的心境暗淡了眼前之景。

如果说上阕中词人是通过对离别之景的描写、离别之态的刻画委婉含蓄地表达别时的依依不舍的话，那么在词的下阕中，词人再也难掩心中的悲痛，内心淤积的情感如同开闸之洪水一泄而出。

下阕起句词人便感叹道"多情自古伤离别"，离别本就是悲伤之事，更何况离人又是多情之人。词人嵌以"自古"二字，又把离别放到历史的视域之下，增加了无限的沉重感。吴文英曾说"何处合成愁，离人心上秋"，多情离人逢清冷之秋，词人不想克制也无法克制内心的情感。无边的悲痛，无尽的感伤，无限的思念喷涌而出：离别之后，年复一年，即便有良辰美景，就算是春光明媚，于"我"而言也形同虚设；即使有千般浓情、万般蜜意、满腹相思，又同谁去诉说呢？柳永以这样一个问句做结，情深、意切，心悲凉，味无穷。

词至于此，已是佳作；词中一处点睛之笔，更为绝唱。"今宵酒醒何处？杨柳岸，晓风残月"，"一舟临岸，词人酒醒梦回，只见习习晓风吹拂萧萧疏柳，一弯残月高挂杨柳梢头。整个画面充满了凄清的气氛，客情之冷落，风景之清幽，离愁之绵邈，完全凝聚在这画面之中"[①]。"杨柳""晓风""残月"并非新奇之意象，然而三者放在一起，放在如此场景之下、如此词境之内、如此情思之中，杨柳之缠绵、晓风之凄寒、残月之清冷顿使全词的韵致和情感得到了升华。词人是在为自己的情感找一份寄托，更是为自己"酒醒"寻一处归宿。"酒醒"二字蕴含着词人的颇多无奈。喝酒本为消愁，李白就曾长叹"但愿长醉不复醒"，只为"同销

---

① 周汝昌等著：《唐宋词鉴赏辞典（唐・五代・北宋）》（第二版），上海辞书出版社，2011年，第305页。

万古愁";宋末词人蒋捷也曾感慨"一片春愁待酒浇"。酒酣之时,或许会暂时忘却心中愁绪,无奈酒醒之际又是愁起之时。五代李璟就曾感慨"昨夜更阑酒醒,春愁过却病",周邦彦也曾悲叹"酒已都醒,如何消夜永!",就连以豁达著称的大词人苏轼也会慨叹"酒醒梦回愁几许"。柳永在酒的作用下暂时忘记了离别时的万千愁思,然而在这凄冷的清晨突然醒来,独对一弯残月,千种风情、万般愁绪一时涌上心头。酒醒,愁来,愁更愁!

柳永为何能把离别写得如此凄婉动人呢?走近柳永,我们会发现词中不仅有离别和思念,更有人生的坎坷和困厄;不仅有缠绵悱恻的凄美爱情,更有柳永痛彻心扉的生命体悟。

据传"柳永因作词忤仁宗,遂'失意无俚,流连坊曲'"[1],"此词当为词人从汴京南下时与一位恋人的惜别之作"[2]。其实,现实远远比这些文字来得沉痛。柳永也像大多数文人一样,对仕途充满向往。他第一次进京赶考自信"定然魁甲登高第",不料初试落第,柳永也不在乎,填词道"富贵岂由人,时会高志须酬"。三年之后,他第二次应试,仍是榜上无名,自恃才高的柳永忍不住发了牢骚,写下著名的《鹤冲天·黄金榜上》,自嘲道"忍把浮名,换了浅斟低唱",何须在乎这些浮名,"我"愿把它们换成手中浅浅的一杯淡酒和耳畔低回婉转的一声吟唱。这本是背地里的一句牢骚话,然而柳永低估了自己"凡有井水处,皆能歌柳词"的影响力。这首词很快传到了宋仁宗的耳朵里,这位当时的最高统治者大为恼火,因此,虽然柳永三试中第,无奈宋仁宗御笔轻勾,一句"且去填词"让他再度落榜。

一次次仕途的失意,将这位满身"仙气"的词人打落了"凡间",他真的只能把自己满腔的热情寄寓在"浅斟低唱"了。梁衡在《读柳永》中有这样一段评价:"他先以极大的热情投身政治,碰了钉子后没有像大多数文人那样转向山水,而是转向市井深处,扎到市民堆里……"[3]政治失意的柳永终日出入歌楼妓馆,描写城市风光和歌姬的生活,并且不无解嘲地说"我"是"奉旨填词"。市井的生

---

[1] 周汝昌等著:《唐宋词鉴赏辞典(唐·五代·北宋)》(第二版),上海辞书出版社,2011年,第304页。
[2] 周汝昌等著:《唐宋词鉴赏辞典(唐·五代·北宋)》(第二版),上海辞书出版社,2011年,第304页。
[3] 梁衡:《千秋人物》,北京联合出版公司,2015年,第215页。

活、和心上人的感情,成了他唯一的精神上的慰藉。我们甚至可以想象柳永把自己满怀的失意谱成一首首新曲、填做一篇篇词作,伴着一杯杯清酒,听心上人弹唱的情景。

　　作本词时,正值柳永四考落第,又无奈要和心爱之人分别,自身不幸的遭遇已经令词人疲惫不堪,唯一的精神寄托也将远去,如此情境下的离别变得格外沉重,词人怎能不黯然神伤? 正如著名诗人流沙河所说:"要知道,旧时代如长夜,黑暗使人孤独,孤独使人凄凉,对那些福薄命蹇的诗人说来,尤其是这样。幸有友情如灯,幸有爱情如火,得以相照相暖。一旦离别风起,灯熄火灭,比原先的黑暗更黑暗,比原先的孤独更孤独,比原先的凄凉更凄凉。"[①]对于此时的柳永而言,离别的风已经吹熄了他爱情的火把,他只能独自离开,独自面对前路,独自品尝比孤独更孤独的孤独、比凄凉更凄凉的凄凉。

　　明白了这些,我们再次回到词人离别时那"暮霭沉沉"的楚天之中,再去品味词人当时的心境,会读出诸多的况味。我们应该从中听到柳永悲戚而无助的内心独白:我走了,走了,路途千里迢迢,江上烟波浩渺,天地如此之大,渺小的我、孤独的我、无助的我,行走在沉沉的暮霭之中,我的前路在哪里? 我的远方在哪里? 我的对岸在哪里? 我的归宿在哪里? 我的地平线在哪里? ……诗中不仅有离别之痛,更有前路之忧,身世之感,人生之痛,命运之叹。离愁别绪之外,更有深义,词人是借离别之情浇胸中块垒。我们只有透过词的肌肤进入血肉以至骨髓,才能感受到柳永情感的脉搏和灵魂的心跳。

　　"缀文者情动而辞发,观文者披文以入情。"有人曾这样说,读《雨霖铃》,我们应当听到柳永的哭泣声! 的确,柳永是满含热泪写下这首词的,我们也应该满含热泪去品读,为这传世的名作,为这受伤的灵魂,为这词中的深情!

[①] 《流沙河诗话》,四川文艺出版社,1995年,第42页。

赏析《江城子·乙卯正月二十日夜记梦》的抒情艺术

苏轼的《江城子·乙卯正月二十日夜记梦》是悼亡词之佳作,"真情郁勃,句句沉痛"[①],"字字是从肺腑镂出"[②],字里行间体现出高妙的抒情艺术。

一、无处不在的"你""我"

本词是苏轼为悼念亡妻王弗所作。王弗十六岁与苏轼结婚,二人伉俪情深,十分恩爱,然仅仅十一年后,王弗便因病去世,只有二十七岁。苏轼万分悲痛,曾在《亡妻王氏墓志铭》悲叹:"呜呼哀哉。余永无所依怙。"[③]

本词虽以"记梦"为题,实则是词人以梦为依托,对亡妻深情倾诉、悲痛告白。词人用肺腑之语构筑了一个仅仅属于他与亡妻的两人世界,并在这一世界中畅诉衷肠。词中虽未见一个"你"字或"我"字,然细细揣摩却是句句有"你"有"我",若将词人省略的人称词补充出来,可以更加清楚地体会蕴含于词中的无限悲情。

(你我)十年生死两茫茫。(我)不思量,(我)自难忘。(你)千里孤坟,(我)无处话凄凉。(你我)纵使相逢(你)应不识,(我)尘满面,(我)鬓如霜。

(我)夜来幽梦忽还乡。(你)小轩窗,正梳妆。(你我)相顾无言,(你我)惟有泪千行。料得年年(你/我/你我)肠断处,明月夜,短松冈。

词人将"你""我"生死两隔后"我"的思念、"你"的感受、"你""我"梦中重逢的情景、"你""我"曾经温馨相伴的画面、"你""我"如今凄凉死别的境遇,用最为深情的语言表达出来,将复杂而沉痛的情感寓于词中。最后一处尤其耐人寻味:"肠断"之人可以是苏轼,以显思念之深和悼亡之切;"肠断"之人也可以是亡

---

① 唐圭璋选释:《唐宋词简释》,上海古籍出版社,1982年,第96页。
② 张燕瑾、杨锺贤:《唐宋词选析》,天津人民出版社,1985年,第217页。
③ 《苏轼文集》,中华书局,1986年,第472页。

妻王弗，从对面落笔，使情感多一层波澜，以对方思念自己来写自己的深沉思念，用妻子的断肠之感来表达自己的无限悲痛；"肠断"之人也可以是"你""我"，一笔双写，与开篇"两茫茫"遥相呼应，"你""我"再无相见之日，怎能不生"肠断"之情，而此处"年年"既指"生死两茫茫"的"十年"，也将悲痛之意引向永远。

二、饱含深情的数词

苏轼还多次巧妙地运用数词来凸显自己强烈的情感。上阕"十年生死两茫茫。不思量，自难忘"，"十年"指王弗离开人世的时间，从时间落笔，写十年死别。王弗在1065年去世，本词写于1075年正月，正是妻子王弗谢世十年之际。"两茫茫"突出词人和亡妻双方生死隔绝，渺茫无知。妻子明明早已不在人世十年之久，词人却仍以一个"两"字固执地将亡妻当作生者来怀想，并主观地认为十年里自己和亡妻都无时无刻不在探寻彼此的消息，极写这十年间绵绵相思、苦苦挂念的哀痛。

"千里孤坟，无处话凄凉"，"千里"是指身在山东密州的苏轼与远在四川眉州的王弗之墓相隔千里，从空间着墨，写距离之远。"孤"是写亡妻王弗坟冢如今的孤凄的境况，又何尝不是在写词人内心的真实感受？"孤坟"一座且在"千里"之外，如此画面怎能不令人黯然神伤？两人纵有万语千言，真情满腔，最终也只能是"无处话凄凉"。

词中"十年""千里"均为实写，准确地点出了苏轼与亡妻在时间与空间上相隔距离之远，更为重要的是，苏轼以"十年"之漫长时间、"千里"之邈远空间构筑了一个凄凉旷寂并接以"生死"的时空环境。词人在这一环境中为我们呈现的是"两茫茫"，是"孤坟"，是"无处"，多与少、大与小、长与短、有与无的两相对照，将凄凉之境写到极点，将悲痛之情推向极致。

"相顾无言，惟有泪千行"两句是苏轼想象梦中与妻子相见时的情景，"无言"是词人和亡妻相见时欲诉无语的场景，"泪千行"则以夸张的手法来写两人相见之后悲喜交加的情态。细细品味，哪里是"相顾无言"？只是词人将十年间两人郁积于心中的所有的言语和情感都寄托于"泪千行"之中罢了。"无"与"千"形成的强烈对比，给人以心理上的巨大反差，更给人以透入肌肤以至骨髓的悲凉之感。

三、别具匠心的场景

写与亡妻梦中相逢,苏轼描写了一个极为常见的生活细节——"小轩窗,正梳妆"。这虽然只是一个非常普通的日常场景,却蕴含着三重悲凉。其一,"小轩窗,正梳妆"是词人对两人平日恩爱生活的深深追忆。妻子临窗梳妆,词人在一旁静静欣赏,或许还指点评说,又或许亲自为妻子画眉点唇,这原本是每天都要发生的最真实的场景,现在却只能在梦境中才能实现,怎能不生悲意?其二,古语云"女为悦己者容",妻子"当窗理云鬓,对镜帖花黄",小轩窗下的一切梳妆打扮,所为何人?当然是自己心爱的丈夫。而如今两人生死相隔,即便梳妆打扮,又能为谁而"容"呢?其三,词人将如此熟悉的温馨画面、如此幸福的生活场景以梦的形式呈现,而梦终究会醒,梦醒之时词人要面对的是什么?"明月夜,短松冈",月明如水,短松森森,亡妻千里,远客独悲。现实与梦境的巨大反差,给人以强烈的心理冲击,梦境写得越逼真可感、温馨甜蜜,梦醒之后就越发凄苦悲凉、令人心痛。

"明月夜,短松冈"也是一处蕴含作者匠心的场景描写,读来空旷凄清之感油然而生。这两句与上阕"千里孤坟"相照应,唐诗就有"欲知肠断处,明月照孤坟"(《赠夫诗三首》)。写"肠断"之处,词人不提"孤坟"而写"明月"和"短松"更有深意,苏轼深谙"月"尤其是"明月"的寓意,在同时期的作品《水调歌头·明月几时有》就有"但愿人长久,千里共婵娟"经典词句。此处写"明月"既有词人渴望能与亡妻重逢的美好愿望,更有空有明月在、不见故人归的哀婉之情。"短松"既是写实,更为抒情。王弗葬于四川眉山故里的老翁山,苏轼曾亲手于此种植松树,"老翁山下玉渊回,手植青松三万栽"(《送贾讷倅眉》);词人笔下的"短松"犹如归有光笔下的"枇杷树",既寄寓了时光流逝、物是人非的悲痛,更是词人对妻子无尽思念的象征,可谓"天长地久有时尽,此恨绵绵无绝期"。

四、富有张力的"悖论"

苏轼在本词中还通过多处看似矛盾的"悖论"增强了语句间的语言张力,使情感的抒发更具感染力。如开篇三句,"十年生死两茫茫"直言夫妻生死相隔时间之久,两人音容渺茫难求,十年间的无尽思念和思而不得相见的痛苦溢于言表。后面却以"不思量"来承接,矛盾陡然而生,既然思念如此殷切为何又说"不思量"呢?待"自难忘"三字一出,又将前面的矛盾与冲突调和,尽管不想让自己想念,却始终无法忘怀。如此一来,有悖于逻辑和情理的地方又变得顺乎逻辑,合乎情理。作者在"十年生死两茫茫"和"自难忘"之间嵌以"不思量"这一反常心理,使得情感顿生波澜,而波澜背后强大的语言张力,把生者与逝者之间深远的思念和凄婉的感伤表达得更为充盈丰富。

又如,由"十年生死两茫茫。不思量,自难忘"三句可见,苏轼与妻子之间的情感是刻骨铭心的,思念是无法磨灭的,而后文却说"纵使相逢应不识",这种说法更是不合常情的"悖论",如此恩爱的夫妻为何即使相逢也"不识"呢?词人紧接着写了一句"尘满面,鬓如霜",以容颜的苍老、形体的衰败暗示自己十年境遇之悲惨。妻子去世的这十年,是苏轼饱尝人生艰辛的十年,是苏轼政治上的晦暗期、人生的沮丧期。这十年里亲人离世,仕途不顺;南北漂泊,饱经风霜;赴任密州,又值凶年,"盗贼满野,狱讼充斥,而斋厨索然,日食杞菊"[①];诸多苦难集于一身,使得苏轼在四十岁之时就已"尘满面,鬓如霜",以至于妻子突然相见也难以"相识"。"尘满面,鬓如霜"不仅将"无限思念"和"相逢不识"这一看似无法理解的矛盾冲突变得理所当然,而且把词人痛失亲人的黯然神伤、屡遭排挤的悲痛郁愤、仕途之路的坎坷潦倒与对亡妻的日夜思念叠加在一起,使得情感更为丰富感人,整首词的词境也为之一宕。

再如,词的上阕"千里孤坟,无处话凄凉"说明词人与亡妻有很多话要彼此倾诉,下阕中两人梦里相逢的场景却是"相顾无言,惟有泪千行","想说"与"不说"又构成了一对矛盾,而也正是这一矛盾将极度思念的两人相见时的情态写到了极致。相见之时,十年的思念、十年的艰辛、十年的悲痛都化作千行泪水无声地流淌,比千言万语、相拥痛哭更为悲切。欲诉无语,悲泣无声,是最悲痛情感的最真实写照。此处与柳永《雨霖铃·寒蝉凄切》中"执手相看泪眼,竟无语凝咽"有异曲同工之妙,都有"此时无声胜有声"的艺术效果。然而,本词却比柳词来得更为悲痛,柳词是"执手相看",而本词是"相顾无言",从上句"小轩窗,正梳妆"来看,此时词人与亡妻"相顾"应是镜中相视,本为梦境,又加之镜中,使得

---

① 《苏轼文集》,中华书局,1986年,第351页。

本就短暂的相逢变得更为虚幻;另外,柳词将这一情态置于生离之时,而苏轼将之置于死别之境,两相比较,本词的悲伤之情更深一层。

　　苏轼感人肺腑的真情冲破了生死的界限,而高妙的抒情艺术也让我们得以在千年之后仍能真切地体会到这千古的悲凉。

从文字学视角重读《烛之武退秦师》

汉字从古走到今,经历了时代沧桑,见证了历史更迭,除了具有表意的独特属性外,还附着着不同时期人们的思想印记。因此,我国的古代典籍非常注重选择特定的文字来记录不同的历史情境,表达记录者的价值判断。孔子编订的《春秋》以及与之相承的"春秋三传"都是"微言大义""一字褒贬"的典例。

《烛之武退秦师》往往被认为是展现论辩艺术的经典名篇。然仔细揣摩,"烛之武退秦师"不单单是烛之武个人高超口才的展示,更蕴含着三个国家为了自身利益的权衡与较量。文中一些字的使用便清晰地说明了这一点。

一、从"围"字看秦晋的真正目的

开篇"晋侯、秦伯围郑,以其无礼于晋,且贰于楚也",所谓"无礼于晋"是僖公二十三年晋文公逃亡期间,郑国没有以应有的礼遇对待他,当时对其"无礼"的还有卫国和曹国。

过卫,卫文公不礼焉。[1]

及曹,曹共公闻其骈胁,欲观其裸。浴,薄而观之。[2]

及郑,郑文公亦不礼焉。[3]

晋文公即位以后,先后于僖公二十八年和僖公三十年发兵曹国、卫国和郑国。《春秋》原文("经")以及左丘明做的"传"对晋文公发兵三国的记载非常值得我们揣摩:

经:二十有八年春,晋侯侵曹,晋侯伐卫。[4]

---

[1] 杨伯峻:《春秋左传注》,中华书局,2009年,第406页。
[2] 杨伯峻:《春秋左传注》,中华书局,2009年,第407页。
[3] 杨伯峻:《春秋左传注》,中华书局,2009年,第408页。
[4] 杨伯峻:《春秋左传注》,中华书局,2009年,第448页。

传：二十八年春，晋侯将伐曹，假道于卫。卫人弗许。还，自南河济，侵曹、伐卫。①

经：晋人、秦人围郑。②

传：晋侯、秦伯围郑。③

"经"和"传"对晋文公发兵曹、卫两国用的是"伐"或"侵"，对晋文公发兵郑国的描述则都用了"围"，根据许慎《说文解字》的解释，"围"与"伐""侵"二字的意思截然不同：

伐，击也。从人持戈。④

侵，渐进也。⑤

围，守也。⑥

"伐""侵"都是具有攻击属性的字，蕴含着明显的进攻意图；而"围"的本义是"守"，不能体现进攻意图。可见，"晋侯、秦伯围郑"之时，并没有真要攻打郑国的想法。佚之狐向郑伯推荐烛之武时说："国危矣，若使烛之武见秦君，师必退。"一个"必"字说得斩钉截铁，这里面除了有对烛之武才能的信心外，恐怕还有对当时的形势、晋侯与秦伯的心理的洞悉与判断。

晋文公发兵三国的最终结果也印证了这一点：

晋侯入曹，执曹伯。⑦

晋人执卫侯。⑧

晋文公攻入曹国和卫国，并抓住了两国的国君；围郑之后，并未发起进攻，而是在秦穆公退兵后也引兵离去。

"贰于楚"是指在晋国和楚国的城濮之战中，郑国曾经帮助过楚国，不过郑国在看到楚国失败后，又迅速和晋国结盟：

乡役之三月，郑伯如楚致其师。为楚师既败而惧，使子人九行成于晋。晋

---

① 杨伯峻：《春秋左传注》，中华书局，2009年，第451页。
② 杨伯峻：《春秋左传注》，中华书局，2009年，第478页。
③ 杨伯峻：《春秋左传注》，中华书局，2009年，第479页。
④ 〔汉〕许慎撰、〔宋〕徐铉校定：《说文解字》，中华书局，1963年，第167页
⑤ 〔汉〕许慎撰、〔宋〕徐铉校定：《说文解字》，中华书局，1963年，第165页
⑥ 〔汉〕许慎撰、〔宋〕徐铉校定：《说文解字》，中华书局，1963年，第129页
⑦ 杨伯峻：《春秋左传注》，中华书局，2009年，第448页。
⑧ 杨伯峻：《春秋左传注》，中华书局，2009年，第451页。

栾枝入盟郑伯。五月丙午,晋侯及郑伯盟于衡雍。①

晋、秦围郑在僖公三十年,距郑"无礼于晋"(僖公二十三年),已过了七年;距郑"贰于楚"(僖公二十八年)也已经过了两年。而且围郑之时,晋、郑仍为盟国,由此可见,晋、秦围郑,却围而不攻,实际上是打着"礼"的口号,借着"贰于楚"的名义,找寻一个借口来谋求自己的利益罢了。

二、从"戍"字看秦伯退兵的原因

一般认为,秦师能够退去是烛之武临危受命,凭三寸之舌,以退为进,晓之以弊、诱之以利,并从历史和未来的角度离间秦、晋的结果。吕祖谦在《东莱左氏博议》中对此事的精辟论述却值得我们深思:

天下之事以利而合者,亦必以利而离。秦、晋连兵而伐郑,郑将亡矣,烛之武出说秦穆公,立谈之间存郑于将亡,不惟退秦师,而又得秦置戍而去,何移之速也!烛之武一言使秦穆背晋亲郑,弃强援、附弱国;弃旧恩、召新怨;弃成功、犯危难。非利害深中秦穆之心,讵能若是乎?秦穆之于晋,相与之久也,相信之深也,相结之厚也,一怵于烛之武之利,弃晋如涕唾,亦何有于郑乎?他日利有大于烛之武者,吾知秦穆必翻然从之矣!

秦、晋交情深厚,彼此信任,到底是什么让秦穆公突然视晋国如眼泪、鼻涕,把它丢弃掉了呢?仔细推究,并不是烛之武的巧妙说辞,而是秦穆公的利益诉求和政治野心。按常理说,秦穆公若真是因烛之武的劝说而有了退兵的想法,听完烛之武的言论后,引兵离去就行了,但是他的行为却有悖于常理——"使杞子、逢孙、杨孙戍之,乃还"。这是一个非常危险的举动,因为这一做法一下子把秦国置于与晋国敌对的位置,因此也便有了后文的"子犯请击之"。正如吕祖谦所言,一定有"深中秦穆之心"的利害才促使他这样去做。显然,烛之武的那些言辞无法让秦穆公冒着与晋国开战的风险做出这样的决定,真正的"利害"在于一个"戍"字。

戍,守边也。从人持戈。②

边是指边境、边疆,只有自己国家疆域的边界才称得上"边"。一个"戍"字

---

① 杨伯峻:《春秋左传注》,中华书局,2009 年,第 462—463 页。
② 〔汉〕许慎撰、〔宋〕徐铉校定:《说文解字》,中华书局,1963 年,第 266 页

便隐藏着秦穆公侵吞郑国的政治企图。两年之后的事情也证明了这一点：

杞子自郑使告于秦曰："郑人使我掌其北门之管，若潜师以来，国可得也。"①

管，即钥匙，"掌其北门之管"进而得其国，这才是秦穆公"使杞子、逢孙、杨孙戍之"的真正目的。若非"弦高犒师"之事的发生，或许秦穆公的计划已经得逞。由此观之，秦穆公退兵，其实是他借烛之武游说之势，为实现自己的政治目的而进行的巧妙布局。

三、从"盟"字看春秋外交的本质

《说文解字》对"盟"的解释为："《周礼》曰：'国有疑则盟。……杀牲歃血，朱盘玉敦，以立牛耳。'"②"有疑"是不和的意思，诸侯国之间有不和而需解决时，就会会盟缔约，会盟时要"杀牲歃血"，在神前立誓以表示诚信。所以，"盟"的本义是立誓缔约。

然而，从"盟"字本义的角度来看，春秋时期的"盟"有着浓浓的讽刺意味。在当时的很多情况下，盟约的订立既不为解决不和，更没有诚信的约束，唯一的标准便是利益的权衡。

我们先来看一看文中之"盟"："晋侯、秦伯围郑"之时，秦、晋是盟国；"围郑"的原因之一是郑"贰于楚"，也就是郑国先和晋国结盟，后来又和楚国结盟；烛之武说秦伯后的结果是"秦伯说，与郑人盟"。盟约的订立何其轻易，盟友的更换何其频繁。

秦穆公与郑结盟后，留下杞子、逢孙、杨孙戍守，便带领剩下的秦军回国了。晋国大夫子犯请求出兵攻击秦军，晋文公的回答是："微夫人之力不及此。因人之力而敝之，不仁；失其所与，不知；以乱易整，不武。吾其还也。"这些话让我们感觉晋文公应该有别于郑伯、秦伯，是一个讲仁义、重武德、守信用的人。

然而，事实真的如此吗？显然不是，如果他真的是这样的人，就不会找出陈年旧账来围郑了。另外，据《史记》记载，郑文公非常宠爱的五个儿子都因为获罪早早死去，他一气之下便将剩下的公子都赶出郑国，其中公子子兰逃亡到了晋国。晋文公十分宠幸子兰，"子兰奔晋，从晋文公围郑。时兰事晋文公甚谨，爱幸之"③。在秦穆公撤军之后，晋文公也并不是如他说的一样因为"仁""智""武"才

---

① 杨伯峻：《春秋左传注》，中华书局，2009年，第489页。
② 〔汉〕许慎撰、〔宋〕徐铉校定：《说文解字》，中华书局，1963年，第142页。
③ 《史记》，中华书局，2006年，第280页。

离开的,而是因为自己立公子子兰为太子的政治目的得以实现才撤兵的:

晋文公欲入兰为太子,以告郑。郑大夫石癸曰:"吾闻姞姓乃后稷之元妃,其后当有兴者。子兰母,其后也。且夫人子尽已死,余庶子无如兰贤。今围急,晋以为请,利孰大焉!"遂许晋,与盟,而卒立子兰为太子,晋兵乃罢去。[①]

令人匪夷所思的是,在满足了晋文公的要求后,晋、郑两国又结为同盟。结盟的背后同样是利益的权衡,郑国因此得以苟安;晋文公则实际上在郑国扶植了自己的代理人。郑文公去世后,公子兰成了郑国的国君,即郑穆公,郑穆公一朝的政治生态完全是亲晋的。

从晋、秦围郑,到晋、秦分别与郑结盟,在利益至上的春秋时期,三国的关系便是当时外交关系的缩影。

[①] 《史记》,中华书局,2006年,第280页。

"刀刃上的舞蹈"
——析《谏逐客书》中的政治智慧和说理艺术

公元前237年,秦王嬴政下令逐客,李斯陷入了两难的境地:身为客卿,自己也在被逐之列,若上书劝谏,很容易成为众矢之的,将自己置于绝境;若不上书,便意味着自己政治生命的终结,多年的经营将化为乌有。最终,"人之贤不肖譬如鼠矣,在所自处耳!"[1]的"老鼠哲学"和"诟莫大于卑贱,而悲莫甚于穷困"[2]的观念占据了上风,他铤而走险,写下了著名的《谏逐客书》,凭借其敏锐的政治眼光和巧妙的说理艺术演绎了一段"刀刃上的舞蹈",令秦王"除逐客之令,复李斯官,卒用其计谋"[3]。

一、针藏绵里,柔中带刚

开篇"臣闻吏议逐客,窃以为过矣",李斯写得掷地有声却又战战兢兢。"过"即过错,这是一个尖锐犀利的词语,李斯用它来表明自己坚定的立场,直指秦王的错误,力道十足。那么,他为何不直接说"逐客,过矣"呢?仔细品读,开篇起句既暗示了李斯处境的艰难,又展现出其高度的政治敏感性和高超的说理技巧。以什么样的身份进谏是李斯首先要思考的问题,因为不同的身份,会直接影响到自己和秦王对话时的关系。因此,虽然此时已经被逐,他仍以"臣"自称,这无形中便消弭了他这个被逐之客与秦王这位逐客之君的隔阂,拉近了彼此的距离。同时,李斯非常清楚自己要面对的是逐客的最终决策者,绝不能将其推到自己的对立面,因此他用"吏议"二字,使秦王和逐客这件事撇开关系,给秦王留下再次抉择的空间。

《史记》中还有这样的记载:"秦宗室大臣皆言秦王曰:'诸侯人来事秦者,大

---

[1] 《史记》,中华书局,2006年,第521页。
[2] 《史记》,中华书局,2006年,第521页。
[3] 《史记》,中华书局,2006年,第522页。

抵为其主游间于秦耳,请一切逐客。'李斯议亦在逐中。"①虽然对于秦王逐客的原因历来说法不一,但是各国人才的到来影响到了秦国宗室贵族的权势,压缩了他们的生存空间,这是"吏议逐客"的重要原因确定无疑。"皆言"二字可以看出当时宗室大臣口径之一致;"请一切逐客"可见他们态度之坚决;而反对客"为其主游间于秦"的旗号使得逐客名正言顺,也给想要上书反对逐客的人设置了很大的政治阻力;更加可怕的是"李斯议亦在逐中",此处的"议"是谋虑、谋议的意思,可见此时的李斯已然是宗室大臣针对的对象。李斯清醒地认识到自己处在一种何等险恶的境地,若上书的言论惹恼了他们,后果不堪设想。于是他从三个层面巧妙地化解了这一矛盾:第一,"臣闻吏议逐客","闻"是听说的意思,不把事情说得笃定,给自己留有余地;第二,"窃以为过矣","窃"是私下里认为,表现得十分谦卑,强调自己无意与"吏"公开宣战;第三,全文除了开篇提到一个"吏"字,之后再未提及。

开篇起句,李斯既避免了与潜在的"敌人"的正面交锋,又态度坚决地表明了自己的观点。正如宋代李涂在《文章精义》中所说:"李斯上秦始皇书论逐客,起句即见事实,最妙。"②

李斯这种柔中带刚的说理技巧贯穿文章始终,多处看似平和的语言背后包含着对秦王的告诫,甚至是威胁。在列举了秦历史上四位君主的做法后,李斯接着说:"向使四君却客而不内,疏士而不用,是使国无富利之实,而秦无强大之名也。"看似用假设的方式在剖析历史,实际是在告诫秦王若"却客而不内,疏士而不用",难使秦国有富利之实、强大之名;用五帝三王的例子仍然是在告诫秦王,若坚持逐客,则四时难以充美,鬼神不会降福,无敌终成奢望;从"今乃弃黔首以资敌国,却宾客以业诸侯……此所谓'藉寇兵而赍盗粮'者也"一句中,我们更是能读出些许威胁的意味:你今天所逐之客,包括我在内,都会去辅佐你的对手,与你为敌。

二、站位巧妙,环环相扣

清人余诚说:"李斯既亦在逐中,若开口便直斥逐客之非,宁不适以触人主

---

① 《史记》,中华书局,2006年,第521页。
② 〔宋〕陈骙、李涂著,刘明晖校点:《文则 文章精义》,人民文学出版社,1960年,第60页。

之怒,而滋之令转甚耶。妙在绝不为客谋,而通体专为秦谋。"①李斯的政治远见和说理的高明之处还在于他没有直接批评秦王"逐"之过,没有直接反驳宗室大臣"议"之失,也没有申辩客之冤屈,更未表达自己处境之可怜,而是始终站在秦国和秦王的立场,并从历史、现在和未来三个层面进行深入分析。

不得不说李斯是一个善于洞悉人心的高手,他牢牢地抓住了秦王"欲吞天下,称帝而治"②的心理,先后列举了缪公用由余等五人、孝公用商鞅、惠王用张仪、昭王用范雎的例子,说明客在秦"并国二十,遂霸西戎"、"获楚、魏之师,举地千里",使六国顺从、成就帝业等功绩中做出的贡献。如此一来,李斯便把"逐客"这一现实问题放在了历史视域之下,置于秦王朝的兴衰发展之中,把秦的历史进程和秦王嬴政的野心有机地结合起来。

历史的选材更见李斯思维之缜密:一是选材立足本国,"不引前代他国事,只以秦之先为言"③,从而增加秦王的认同感;二是选材纵贯秦国历史,既写到了距秦王400年缪公、100年的孝公和惠王,也写到了略早于秦王的昭襄王,将客之功劳融入秦几百年的历史之中,增加说服力;三是把秦王放到祖制的框架之下,先人之做法怎可轻易颠覆,从道德上制约秦王。

然而,李斯也深深地懂得历史毕竟是历史,远没有现实来得直接。因此他话锋一转,由对历史的回忆转向对现实的剖析。李斯从秦王所好入手,先列举"昆山之玉""随、和之宝""明月之珠""太阿之剑""纤离之马""翠凤之旗""灵鼍之鼓"等宝物,并以一个问句"此数宝者,秦不生一焉,而陛下说之,何也?"引发秦王的思考;接着采用假设论证,连用"不饰""不为""不充""不实""不为用""不为采""不进于前""不立于侧"等词语,让秦王切身感受到自己所喜好的一切——"夜光之璧""犀象之器""郑、卫之女""骏良駃騠""江南金锡""西蜀丹青""宛珠之簪""傅玑之珥""阿缟之衣""锦绣之饰""佳冶窈窕",一点点从他的生活中消失的苦痛,冲击秦王的心理防线;最后由物及人,委婉地批评了秦王对物和对人截然不同的态度。整个过程层层递进,逐步深入,一气呵成。

---

① 〔清〕余诚:《重订古文释义新编》,武汉古籍书店影印,1986年,第242页。
② 《史记》,中华书局,2006年,第521页。
③ 〔清〕吴楚材、吴调侯选:《古文观止》,中华书局,1959年,第168页。

此处，李斯给秦王施加了双重压力：若坚持逐客，上面所举的一切都必须抛弃；若不抛弃，便会背上"所重者在乎色、乐、珠玉，而所轻者在乎人民也"的恶名，"跨海内、制诸侯"的目的定然难以实现。

李斯并不就此打住，而是接着以"太山""河海"作喻来说明"五帝三王"和秦王的不同，一个是"用客治国"，一个是"逐客资敌"。在此基础上，李斯把秦王的目光引向未来，说明逐客不仅不会帮他实现王业，反而会"藉寇兵而赍盗粮"，让百姓生怨，与诸侯结仇，使国家陷入危机。

对过去的回忆，对现实的剖析，对未来的推测，李斯站在秦王的立场，用历史的眼光分析逐客之弊，构思巧妙，环环相扣。

三、强加逻辑，偷换概念

文章第二段，李斯由物及人来阐明自己的观点，仔细读来，我们不难发现他在这段论述中有这样的逻辑：若要逐客必要"逐物"，若不"逐物"就不能逐客。实际上，这一逻辑是很难成立的，其维系的基础是李斯所谓的重色、乐、珠玉还是重人民的问题。李斯在表达这一逻辑时有意回避了逐客的背景和原因——"大抵为其主游间于秦耳"。"为其主游间于秦"显然是"物"无法做到的，因此"逐物"并非必须要做之事，但是李斯把客与物、"色、乐、珠玉"和"人民"并列来说，并置于"跨海内、制诸侯"的背景之下，这种逻辑的张力便在无形中显现出来，给秦王以巨大的触动和压力。

除此之外，李斯还通过偷换概念来达到自己进谏的目的。虽然对李斯所提之"客"的身份的界定尚无定论：袁行霈主编的《中国文学史》将"客"解释为其他诸侯国的客卿，许啸天在对《古文观止》进行译注时将其解释为"客地人在本国做官的"[①]……但有一点毋庸置疑，"客"必然是能够直接或间接和秦的高层统治者有交流的人，其概念一定不等同于"人民"和"黔首"。李斯在进谏时巧妙地将这两个概念混淆，他在第二段中提到秦王虽下令逐客，却还在享用其他诸侯国的各种珠玉珍宝，是"所重者在乎色、乐、珠玉，而所轻者在乎人民也"。秦王下令逐的是"客"，就算有所"轻"，"轻"的也只是"客"，李斯却说"所轻者在乎人

---

① 〔清〕吴楚材、吴调侯选，许啸天译注：《古文观止》，天津古籍书店，1981年，第315页。

民",这是因为"所轻者在乎人民"的分量远远重于"所轻者在乎客",概念的混淆意在让秦王感受到逐客这一举动带来的后果的严重性。此外,在举完五帝三王的例子后,李斯也说"今乃弃黔首以资敌国","黔首"和"人民"的意思相同,都是指百姓,他把"今乃弃客"说成"今乃弃黔首",无形中让秦王感受到自己站在了"黔首"的对立面。这对于要"跨海内、制诸侯"的秦王而言,显然是不能接受的。

《谏逐客书》是一篇政治智慧与说理艺术完美结合的文章,正如刘勰在《文心雕龙》中所说:"李斯之止逐客,并顺情入机,动言中务,虽批逆鳞,而功成计合,此上书之善说也。"[1]

---

[1] 〔南朝梁〕刘勰著、周振甫注:《文心雕龙注释》,人民文学出版社,1981年,第202页。

李密为何能"陈情"成功?

李密曾仕蜀汉,晋武帝灭蜀后征召他为太子洗马,他上《陈情表》表达了自己不想就职的想法。晋武帝看罢不仅称赞李密"士之有名,不虚然哉"[1],而且"嘉其诚款,赐奴婢二人,下郡县供其祖母奉膳"[2]。细细推究,李密之所以能够"陈情"成功,是因为他的表达艺术与晋武帝的政治意图相契合。

一、构思巧妙,逻辑严谨

(一) 解无解之难题

李密"陈情"的背后隐含着一对不可调和的矛盾——"忠孝难两全"。对于"亡国贱俘"李密而言,这更是一个敏感而又难以解决的问题,李密却动之以情,晓之以理,完美地解决了这一难题。

李密开篇先陈"孝情",既是为了以情动人,更是为后文说理做铺垫。他极力描写自己儿时的凄苦境遇和祖母的养育之恩,是在情感上软化晋武帝,以博得他心理上的认同。李密先写"孝情"还意在直截了当地告诉晋武帝自己"辞不赴命"没有其他原因,就是要为祖母尽孝,以打消他的疑虑。李密更为聪明的地方是在陈"孝情"的基础上,把"陈情"背后隐含的矛盾、自己的请求能否得到允许的关键公开化:"臣欲奉诏奔驰,则刘病日笃;欲苟顺私情,则告诉不许:臣之进退,实为狼狈。"其实是在暗示晋武帝如果这个矛盾能够解决,"我"的诉求便应该得到满足。

从"伏惟圣朝以孝治天下"一句开始,李密转而说理。"伏惟"一句是李密说

---

[1] 《晋书》,中华书局,1974年,第2275页。
[2] 〔晋〕常璩:《明本华阳国志》(三),国家图书馆出版社,2018年,第103页。

理的基础,也是整篇文章转折点。此句一出,李密便把难题抛给了晋武帝,陛下您"以孝治天下","我"是因"孝"而提出不去就职的请求的,您若不答应,就是对自己治国理念的否定,可谓以子之矛,攻子之盾。李密并未就此结束,接着说"凡在故老,犹蒙矜育,况臣孤苦,特为尤甚",这四句话是典型的三段论。前两句是说您对所有的"故老"都给予了特别的怜悯,都是宽厚以待的,这是大前提;后两句说"我"李密也是"故老",并且"我"特别孤苦可怜,既指出小前提,又隐含着结论;看似是在赞誉晋武帝胸襟大度,实则是说"我"更应该受到您的"矜育",您不能拒绝"我"的请求。

李密最高明之处在于不仅给晋武帝出了难题,还提出了解决的办法。"伏惟圣朝以孝治天下"一句已经将"尽忠"与"尽孝"这对不可调和的矛盾有机地融合了,在"以孝治天下"背景之下,自己为祖母尽孝就是在响应晋武帝的为政理念,就是在为国家尽忠。不仅如此,为了彻底让晋武帝放心,李密最后说"臣密今年四十有四,祖母今年九十有六,是臣尽节于陛下之日长,报养刘之日短也",提出了一个无法反驳的解决方案——先尽孝,后尽忠。

(二) 答未问之疑问

作为一个亡国之臣,李密多次拒绝一个新朝之君的任命,难免会让人产生一些怀疑。李密在行文的过程中,巧妙地回答了晋武帝可能会提出的几个疑问:家中其他人不可以照顾祖母吗?不能雇人照顾祖母吗?是不是因为爱惜名节而不去任职?

李密在一开始便提到自己家族人丁不旺,"既无伯叔,终鲜兄弟,门衰祚薄,晚有儿息",父辈没有伯叔,同辈没有兄弟,后辈年纪尚小,因此抚养祖母的责任便落在了自己身上。"臣侍汤药,未曾废离"是在强调祖母生病一直都是"我"在照顾,从未离开过,若换成别人照顾,"我"怎能放心? 更为重要的是,现在祖母的病情一天天加重,已经到了"日薄西山,气息奄奄,人命危浅,朝不虑夕"的程度,作为唯一能够照顾她的亲人,"我"怎能不陪祖母走完人生最后的时光呢?因此,此时照顾祖母的任务只能由"我"来完成,真的是"祖母无臣,无以终余年"。

汉晋之际,追求"名节"之风已经开始在士人之间流行,《后汉书》记载:"至王莽专伪,终于篡国,忠义之流,耻见缨绂,遂乃荣华丘壑,甘足枯槁。虽中兴在运,汉德重开,而保身怀方,弥相慕袭,去就之节,重于时矣。"[1]王莽篡位,忠义之士耻于为伍,纷纷辞官退出朝廷,"名节"之风日盛。对于同为篡权立朝的司马氏而言,"名节"问题也成了最为敏感的话题和永远的痛。面对前朝旧臣辞不就职的奏表,"名节"的问题是晋武帝不会不产生疑心而又一定不会直接去问的问题;对李密而言,这又是不得不提及却又不能过分去解释的话题。"本图宦达,不矜名节"说得恰到好处,既明确表明了自己的态度与立场,消除了晋武帝的疑虑,又不至于因过多的解释而给人欲盖弥彰的感觉。

二、言辞恳切,极言"孝情"

为祖母尽孝是李密"辞不赴命"的唯一理由,因此李密对于"孝情"的表达也是用尽心思,巧妙而感人。

(一) 以巧妙选材打动人心

根据李密的表述,他上表时四十四岁,这四十四年间,李密和祖母之间一定有很多经历,但是这些经历不能在奏表中一一呈现,因此李密巧妙地选取了几个非常典型的生活片段来表现祖孙情深:"生孩六月,慈父见背;行年四岁,舅夺母志""臣少多疾病,九岁不行"。六个月时父亲去世,四岁时母亲改嫁,在自己人生最弱小、最需关爱的时候,父母相继离开,祖母"躬亲抚养"自己,接续了父母之爱,因此对于李密而言,祖母既为祖母,更为父母。"臣少多疾病,九岁不行"更是李密以自己的不幸经历来写祖母抚养自己的艰辛,虽未直接描写,我们可以想象一位祖母数年间给失去父母、体弱多病的孙子端汤喂药的艰辛,可以想象她看到孙子九岁还不会走路的担忧与焦虑。由此可见,"臣无祖母,无以至今日"绝不是夸张之语。对李密如此重要的祖母如今却"日薄西山,气息奄奄,人命危浅,朝不虑夕",稍有同情心者,都会心生怜悯之意,不忍心让他们祖孙分离,更何况是要忙着树立仁君形象的晋武帝。

(二) 借语意重复突出强调

李密在表达"孝情"时多处运用看似语意重复的句子来实现突出强调的

---

[1] 《后汉书》,中华书局,1965年,第2185页。

目的,如"既无伯叔,终鲜兄弟,门衰祚薄,晚有儿息。外无期功强近之亲,内无应门五尺之僮,茕茕孑立,形影相吊",这几句都是在强调自己"零丁孤苦",既有时间上的层递,又有空间上的对举。"伯叔"是上代,"兄弟"是平辈,"儿息"是后代,在这样的时间层次中我们能够真切地感受到李密的孤苦无依;"外"与"内"形成的巨大空间范围与"茕茕孑立"的自己形成对比,极具视觉冲击力,让我们不禁为这个"形影相吊"的不幸之人心生悲悯。在文章的第三段,李密用"日薄西山""气息奄奄""人命危浅""朝不虑夕"四个语意重复的短语来表现祖母病情之严重,既有音节层次的变化,也有语意的强调:四个四字短语并列,音节逐渐急促,气势不断加强,将刘氏病情恶化之迅速、程度之深重展露无遗;从语意的角度来说,四个短语虽然意思相同,但是无论仅保留哪一个都会显得单薄,缺乏足够的艺术感染力,都不足以让人感受到"不能废远"的紧迫性和必要性。

三、谦卑示忠,消除疑虑

亡国与新朝,旧臣与新君,李密和晋武帝从家国的逻辑上有着一种水火难容的关系。选择适当的身份与晋武帝对话,以合理的方式消除晋武帝的疑虑,是李密必须要考虑的问题,因为一旦处理不当,不仅请求不被准许,甚至会性命难保。因此,李密自始至终都战战兢兢,如履薄冰,极尽谦卑之辞以示忠诚之意。

文中李密使用最多的一个字是"臣",全文共出现 29 次,其中有 27 次是指称自己。"臣"是象形字,金文写法是🇧,像一只竖起来的眼睛,当人屈服低头向上斜视时,眼睛便会竖起来。《说文解字》对"臣"的解释是:"臣,牵也。事君也。象屈服之形。"[1]此时李密尚未入晋为官,却反复以"臣"自称,是为了表达自己对晋的认同与臣服,以消除晋武帝的疑心。此外,李密说自己是"亡国贱俘",身份"至微至陋",文末又以"犬马"自比,都是在以谦卑之语来告诉晋武帝他对自己有清醒的定位,在旧国与新朝的问题上有坚定明晰的立场。

在提及如今的"晋"和曾经的"蜀汉",李密的用词则更具心思。"圣朝"

---

[1] 〔汉〕许慎撰、〔宋〕徐铉校定:《说文解字》,中华书局,1963 年,第 66 页。

是对"晋"极尽恭维的称呼,更是对晋武帝这个当世"圣君"的称赞。将"蜀汉"称为"伪朝"恐怕是晋武帝更愿意听到的,"伪朝"是指非正统的朝廷或非法的政府,言外之意便是承认"晋"是合法正统的朝廷。对于一个篡权而立的政权而言,还有什么比旧朝旧臣承认自己的正统性和合法性更重要的呢?不仅如此,在文章的最后李密更是以"臣生当陨首,死当结草"直接表达了自己誓死效忠的决心。

李密以巧妙的言辞消除晋武帝对他有异己之心的怀疑,是他与晋武帝对话的前提,也是他能"陈情"成功的基础。

四、司马之意,一举三得

李密能够"陈情"成功还有一个非常重要的原因:晋武帝司马炎征召李密是有政治意图的。就晋武帝而言,李密是否就职并非是一个不可商量的命题,因为"征召"这一举动的价值远远大于李密就职这一结果的价值。不管李密是否答应自己的任命,晋武帝都能达到一举三得的政治目的。

一是检验一下李密这位前朝旧臣对新朝的态度,是否忠于自己。

二是"慰巴、蜀民之心""倾东吴士人之望"。司马炎是以逼迫的方式使魏元帝曹奂禅让皇位的,这种篡权立朝的方式,定然难以服众,而且当时东吴还未完全统一,隐藏着很大的危机。此时的晋武帝亟须得到有影响力、号召力的名士的认可和支持,曾任蜀尚书郎、后入晋担任济阴太守的文立就曾明确向晋武帝建议"故蜀大官及尽忠死事者子孙……宜见叙用,一则以慰巴、蜀民之心,其次倾东吴士人之望"[1]。李密"孝养可崇,清风素范,高山景行"[2],在蜀汉有很高的威望,他还富有才辩,在蜀汉为官时曾多次出使东吴,赢得东吴君臣的尊重,"吴主及群臣称之"[3]。晋武帝征召李密可以显示自己对于蜀汉旧臣的友好态度,以笼络人心。如果李密接受征召,就可以消减蜀汉旧臣对新政权的敌意,破除他们在新朝任职的心理壁垒;若李密不接受征召,而晋武帝又同意了他的请求,则能表现出新君对前朝旧臣的理解和尊重。此外,晋武帝还意在以李密的影响

---

[1] 〔晋〕常璩:《明本华阳国志》(三),国家图书馆出版社,2018年,第87页。
[2] 《晋书》,中华书局,1974年,第2294页。
[3] 〔晋〕常璩:《明本华阳国志》(三),国家图书馆出版社,2018年,第102页。

力让东吴的分裂势力看到自己求贤若渴、宽以待人的"高姿态",以削弱东吴的抵抗势力,达成统一的目的。

三是宣扬"以孝治天下"的治国理念。晋武帝征召李密也是推广自己政治理念的一种手段。"以孝治天下"实乃晋武帝的无奈之举,鲁迅先生曾说:"为什么要以孝治天下呢?因为天位从禅让,即巧取豪夺而来,若主张以忠治天下,他们的立脚点便不稳,办事便棘手,立论也难了,所以一定要以孝治天下。"[1]司马氏篡权立朝,已经是不仁、不义、不忠、不信了,也只能以"孝"来规范人们的思想,如何让人们认同和接受这一理念变得尤为关键。李密素以"孝"闻名天下,《晋书》记载:"刘氏有疾,则涕泣侧息,未尝解衣,饮膳汤药必先尝后进。"[2]因此李密便自然而然地成为晋武帝宣传自己的治国理念的最佳人选。若李密答应征召,则是朝廷对孝子的重用;若李密不答应征召,晋武帝满足了他的诉求,则是因为皇帝体恤臣子的一片孝心。不管李密是否答应就职,晋武帝都能让世人看到自己对"以孝治天下"的坚决践行。

总之,"陈情"成功实际上是孝情真挚、逻辑巧妙、表达高超的前朝旧臣李密与政治意图明显的新君晋武帝达成的一种默契。

---

[1] 鲁迅:《魏晋风度及文章与药及酒之关系》,《鲁迅全集》第三卷,人民文学出版社,1973年,第501页。

[2] 《晋书》,中华书局,1974年,第2274页。

《归去来兮辞(并序)》中的三重悲意

《归去来兮辞(并序)》是陶渊明的经典名篇,在文中他历数自己辞别官场后的归途之乐、安居之乐、田园之乐、悟道之乐……然细细品来,"乐"中其实蕴含着三重悲意。

一、辞官的不甘与无奈

《归去来兮辞(并序)》是陶渊明辞去彭泽令时所作,辞官虽是自己的选择,却也是无奈之举。陶渊明虽"性本爱丘山",但他并非天生的隐士,他在政治上曾有过积极的追求,他有"少时壮且厉,抚剑独行游"的少年侠气,有"猛志逸四海,骞翮思远翥"的政治抱负,有"大济于苍生"的济世情怀。

陶渊明有如此的政治理想有两方面的原因:一是家族的影响。陶渊明的曾祖陶侃是东晋开国元勋,官至大司马,封长沙郡公,陶渊明一直以曾祖的功业自豪,"桓桓长沙,伊勋伊德。天子畴我,专征南国。功遂辞归,临宠不忒。孰谓斯心,而近可得"。陶渊明的祖父、父亲也都曾做过太守,他非常希望自己能像祖辈父辈一样建立功业,因此"嗟余寡陋,瞻望弗及"。二是陶渊明从小便受儒家思想的熏陶。他"少年罕人事,游好在六经",深受孔子的影响,以孔子为"先师",曾感慨"先师遗训,余岂之坠""先师有遗训,忧道不忧贫"。据朱自清先生统计,陶诗中共用《论语》典故 37 次[1],沈德潜曾说"陶公专用《论语》。汉人以下,宋儒以前,可推圣门弟子者,渊明也"[2]。"人幼而学之,壮而欲行之",陶渊明表现出的政治愿景实际上是他对儒家思想的践行。

可叹的是,时代并没有给陶渊明实现自己政治抱负的机会。他生活的魏晋

---

[1] 《朱自清全集》第三卷,时代文艺出版社,2000 年,第 792 页。
[2] 〔清〕沈德潜选:《古诗源》,中华书局,1963 年,第 172 页。

时期政权频更,动荡不已,小序中"于时风波未静"便是对当时社会环境的含蓄表达。朝廷的腐败堕落,门阀制度的黑暗,导致了"上品无寒门,下品无士族"的局面。群臣和士大夫都趋炎附势,可谓"万族各有托""众鸟相与飞"。这一切都与陶渊明的政治理想和刚正纯直的性格势同水火,在经历了精神的煎熬与心灵的创痛后,他最终选择了弃官归隐。

辞官后的陶渊明并非一身轻松,他的内心是徘徊的,情感是焦灼的。唐代大诗人杜甫便曾说"陶潜避俗翁,未必能达道"(《遣兴五首》);鲁迅先生也指出"那诗文完全超于政治的所谓'田园诗人''山林诗人',是没有的。……由此可知陶潜总不能超于尘世,而且,于朝政还是留心"[1]。辞官彭泽令,陶渊明厌恶的不是官场,而是当时官场的黑暗;他选择与官场决绝并不是因为他没有了政治理想,而是因为他清楚地明白自己的政治理想没有实现的可能。从中我们能够体会到陶渊明的不甘与无奈,这种不甘与无奈,不是无官可做的不甘与无奈,而是胸怀大志却无施展空间的不甘与无奈。

《归去来兮辞(并序)》中便弥漫着这种情绪,从他三处自我安慰的话中我们能够清晰地感受到。第一处是"既自以心为形役,奚惆怅而独悲?",写的是陶渊明辞官的矛盾心理,劝自己不要惆怅、悲伤,正好说明此时的陶渊明是"惆怅"的,是"悲"的,是有牵绊的,是心有不甘的。第二处是"世与我而相违,复驾言兮焉求?",陶渊明劝说自己无所求,却恰恰说明了他的放不下,虽然他试图以田园之乐宽慰自己,终究无法彻底释然。第三处是"胡为乎遑遑欲何之? 富贵非吾愿,帝乡不可期","遑遑"一词化用了班固《答宾戏》"是以圣哲之治,栖栖皇皇,孔席不暖,墨突不黔"[2]的典故,本来是说孔子为自己的政治理想到处奔波、席不暇暖,用在此处说明此时的陶渊明是心神不定的,是犹豫徘徊的,是有所欲求的。至于"富贵非吾愿,帝乡不可期",则更是一种欲盖弥彰的说法。

文中还蕴含着陶渊明的另一层无奈。士大夫阶层往往是一个矛盾体,既要借助政治舞台实现自己的抱负,又要追求自身人格的完美。《归去来兮辞(并序)》在某种意义上是陶渊明政治理想失败后,追求自身品性完美的宣言。因此,他在小序中极力解释自己做官是被动的:一是家境贫寒,生活所迫;二是亲

---

[1] 鲁迅:《魏晋风度及文章与药及酒之关系》,《鲁迅全集》第三卷,人民文学出版社,1973年,第506—507页。
[2] 《汉书》,中华书局,1962年,第4225页。

人劝说。稍加分析就能看出其中的漏洞,自 29 岁至 41 岁的 13 年中,陶渊明曾五次入仕,先后供职于桓玄、刘裕、刘敬宣,任江州祭酒、建威参军、镇军参军、彭泽县令等职,若说他完全没有做官的想法,是无法让人相信的。从陶渊明的家世来看,"瓶无储粟"显然是夸张的,至少出任彭泽令之前他还没穷苦到如此地步。另外,于乱世为官需要承担极大政治风险,稍有不慎,可能性命难保,显然不是解决生计问题的最佳选择。因此,陶渊明出任彭泽令实际上是他为了自己的政治理想做的最后一次努力。当他最终明白自己的理想确实无法实现时,他只能"养真衡茅下,庶以善自名",提出上述为官的理由来为维系自己人格的完美做无奈的辩解。

二、想象之乐境与现实之困境的落差

陶渊明在文中用了很大的篇幅写自己归途之乐和返家后的田园之乐,然而这些描写就如同他笔下的"桃花源"一样,并不是真实存在的,而是他用文学的语言和对理想生活的想象构筑的诗意化的场景。钱锺书先生在《管锥编》中援引周振甫的话说:"《序》称《辞》作于十一月,尚在仲冬;倘为'追录''直述',岂有'木欣欣以向荣''善万物之得时'等物色?亦岂有'农人告余以春及,将有事乎西畴''或植杖而耘耔'等人事?其为未归前之想象,不言而可喻矣。"[1]袁行霈也赞同这一观点,"《归去来兮辞》文中所写归途的情景,抵家后与家人团聚的情景,来年春天耕种的情景,都是想象之辞"[2]。

陶渊明辞官彭泽令后的真实生活状态也确实并非如此惬意。陶渊明是一个好诗人,却不是一个好"农人"。"农人告余以春及,将有事于西畴",他甚至连耕种的时令都不明白,耕种的结果便可想而知了,只能是"种豆南山下,草盛豆苗稀"。他还要时刻忧虑自然灾害的突然袭击,"常恐霜霰至,零落同草莽",想来他一定是尝过天灾给他带来的苦头,才有如此的感慨。他不止一次在诗中提及辞官后生活的困苦,"倾身营一饱""饥寒饱所更""褴缕茅檐下""灌木荒余宅",饥寒交迫,衣衫褴褛,住所荒芜。更为不幸的是,一年夏天他的草屋发生了

---

[1] 钱锺书:《管锥编》(四),生活·读书·新知三联书店,2007 年,第 1930 页。
[2] 袁行霈、罗宗强主编:《中国文学史》第二卷,高等教育出版社,1999 年,第 89 页。

火灾,"正夏长风急,林室顿烧燔。一宅无遗宇,舫舟荫门前",房屋焚毁,没有住处,只能以船为家。此后的陶渊明常常处于"夏日长抱饥,寒夜无被眠""敝庐交悲风,荒草没前庭"的窘境。饥饿和寒冷一直折磨着陶渊明,到了晚年,他的生活愈加贫苦,"弱年逢家乏,老至更长饥"。他只希望用"菽麦"来果腹,对于"甘肥"之类想也不敢想,而事实却是连"菽麦实所羡,孰敢慕甘肥"这一简单的愿望都成为一种奢求。他"恩如亚九饭,当暑厌寒衣",境遇仅仅好于一个月吃九顿饭的子思,因贫穷在暑天还穿着棉衣。贫病交加的陶渊明甚至沦落到"乞食"的地步,"饥来驱我去,不知竟何之。行行至斯里,叩门拙言辞。主人解余意,遗赠岂虚来",诗人的辛酸困苦可见一斑。

陶渊明嗜酒如命,据《晋书》记载,陶渊明曾想将公田全部用来种可以酿酒的秫谷,以满足自己饮酒的需求,由于妻子的反对才作罢。辞官后的陶渊明更是须臾不能离开酒,他的许多诗文都是在微醺甚至酒醉的状态下写成的。然而,正如萧统所言,"其意不在酒,亦寄酒为迹焉"[①]。这些弥漫着"酒味"的诗文承载着陶渊明复杂的情感,酒在很大程度上是陶渊明精神的依托与情感宣泄的出口,他的生活因酒得以丰富,他的性情因酒得以释放。有酒,他有了"忽与一樽酒,日夕欢相持"的欢愉;有酒,他有了"漉我新熟酒,只鸡招近局"的快乐;有酒,他有了"泛此忘忧物,远我遗世情"的超脱;有酒,他有了"且共欢此饮,吾驾不可回"的决绝;他会在"一觞虽独进,杯尽壶自倾"之后,抒发"啸傲东轩下,聊复得此生"的洒脱;他会在"提壶抚寒柯,远望时复为"之时,表达"吾生梦幻间,何事绁尘羁"的感慨。因此,有了酒,才有了真正意义上的陶渊明。在他想象中的最为理想的生活状态中,"酒"仍然是第一位的,进入家门之后的第一个场景是"有酒盈樽",最惬意的生活就是"引壶觞以自酌,眄庭柯以怡颜"。辞官后,温饱都无法解决的陶渊明"公田之利,足以为酒"的便利也就没有了,他喝酒很大程度上都是靠朋友接济,"或置酒而招之",或"挈壶相与至"。《宋书》和萧统所作的《陶渊明传》中都记载过他的好友王弘和颜延之给他送酒的场景。没有了酒,陶渊明也就失去了真正意义上的快乐,他在生命的最后时刻,反思自己的一生,遗憾的不是荣与辱,而是"但恨在世时,饮酒不得足"。

[①] 〔南朝梁〕萧统:《陶渊明集序》,《陶渊明集》,中华书局,1979年,第10页。

三、乐天安命背后的生命感伤

文中陶渊明情感的最终落脚点是"聊乘化以归尽,乐夫天命复奚疑",表明自己要顺随自然的变化,乐天安命。这一看似豁达的思想的背后有着陶渊明对生命伤痛的体悟。虽然在很多情况下"乐夫天命"这个词有以乐观的状态面对困境、以睿智的胸怀通达人生的意思,但是其本质上蕴含着对生命境遇的不甘与对生存困境的无奈。陶渊明也将这种情绪毫不掩饰地表达了出来,"聊乘化以归尽","聊"是"姑且"的意思,姑且顺应自然,走到生命的尽头,我们能够从中读出太多的心不甘、情不愿。

陶渊明产生这种情绪有两个方面的原因。一是对生命短暂、生不得时的感伤。陶渊明为自己乐天安命的思想设置了一个特定的生命背景——"木欣欣以向荣,泉涓涓而始流"。树木葱茏,欣欣向荣,春水灵动,汩汩淙淙,处处都涌动着生的喜悦。作者触景生情,不禁发出"感吾生之行休""寓形宇内复几时"的慨叹,表达对生命短暂的哀伤。然而,这种情感并不是作者想要"乐天安命"的根源。此时的陶渊明只有四十岁,正值壮年,"感吾生之行休"似乎有"为赋新词强说愁"之嫌。他"感吾生之行休"的诱因是"善万物之得时","善"是"羡慕"的意思,羡慕万物恰逢繁荣滋长的好时节,言外之意是自己现在并不"得时"。此时的陶渊明虽然已经辞官归隐,但是"猛志固常在",他看到自然万物都有恣意生长的天地,而自己却无实现政治抱负的舞台,不免心生感慨。将四十岁的年纪放到人生抱负的实现中,发出"感吾生之行休"悲叹便合乎情理了。因此,陶渊明一再感叹"丈夫志四海,我愿不知老""日月掷人去,有志不获骋",所谓"乐天安命"是他在生命短暂、生不得时、有志难伸多重伤痛叠加下的痛苦的挣扎和无奈的表达。

二是辞官归隐后的孤寂。"孤"字在文中共出现过三次:"抚孤松而盘桓""或棹孤舟""怀良辰以孤往"。"孤"除了有表明自己品性孤高之意外,还应有孤独、孤寂之意,而且这种孤独不仅仅是形体上的孤独,更是一种精神上的孤独。"三径就荒,松菊犹存"这是陶渊明为自己设定的归隐后的生活环境。"三径"化用了蒋诩的典故,西汉末年,兖州刺史蒋诩隐居后,在院中开辟三径,只与求仲、羊仲来往。"三径"一词已经暗含着"请息交以绝游"的孤高,"三径"后着以"就荒"二字,更添孤寂之感。陶渊明以"松菊"象征自己的刚正不阿、洁身自好的节操,"抚孤松而盘桓"一个"抚"字流露出陶渊明对"松"的无比怜爱之情。"孤松"其实就是陶渊明的化身,既体现出他傲然挺立、对抗世俗的孤愤与高洁,也蕴含着无知己相伴的孤寂与落寞。

文人常把"舟"作为自己情感的载体,以"舟"之状态写自己之心境,文章开篇陶渊明借"舟遥遥以轻飏"来写自己从官场返家的轻松与惬意;李白用"轻舟已过万重山"来写自己被流放途中收到被赦免的消息的喜悦与畅快;杜甫以"危樯独夜舟"写自己失去生活依靠后的困窘和落魄……文中"或棹孤舟"中的"孤舟"同样是附着了作者感情色彩的存在,"舟"之孤即人之孤、心之孤、灵魂之孤。

"怀良辰以孤往"是陶渊明写自己探求自然美景、追寻游览之乐的场景,然而这是在他有了"感吾生之行休""寓形宇内复几时""富贵非吾愿,帝乡不可期"的人生感悟后的行为,"孤往"与"奚惆怅而独悲"中的"独悲"、"引壶觞以自酌"中的"自酌"一样,都透露着作者内心淤积的情绪无人诉说、无处宣泄的落寞与悲伤。

赏析《种树郭橐驼传》之巧

《种树郭橐驼传》是柳宗元笔下一篇寓意深刻的短文,融写人、叙事、说理为一体,依人叙事,因事明理,针砭时弊,处处可见作者独运之匠心。

一、构思之巧

《种树郭橐驼传》"以传为形,以寓为质",名为记传,实为说理。柳宗元将谏言蕴于传记,将"官戒"寓于"树理",将己之所思托于橐驼之口,可谓精思巧构。

柳宗元的巧妙构思还体现在文章的题目上,不同于传统传记"某某传"的形式,本文的题目在"郭橐驼传"前加了"种树"二字,在暗示这篇传记与其他传记有所不同的同时,也突出了"种树"二字的重要性,因为本文思路就是以一个"种树人"的"种树经"来说明为官之道和养人之术,"种树"是说理的源头。

整篇文章的结构若断实连,层层深入。从传记的角度而言,即便仅仅保留文章的前两段,也不会影响故事的完整性,传主的形象也足够鲜明。第三段虽然也是在写郭橐驼,但是明显可以看出语言已经游离于对传主的刻画。第四段更是和郭橐驼这一人物的塑造毫无关系。柳宗元却巧妙地借"问者"两次发问将前后内容贯穿为一,把文章由写人转向写种树之理进而转向写为官之道、养民之术,使文章的文脉得以延续,将文章的内涵推向纵深,让文章的立意更为高远。

文章段落内部也有着很强的层次性和逻辑性。第一部分介绍郭橐驼姓名的由来,既写郭橐驼的生理因素和主观思想,也写"乡人"这一外部因素;第二部分写郭橐驼种树技术高超,则将正面描写与侧面描写有机地结合;第三部分写种树之理,采用正反对比的方法,将郭橐驼与"他植者"的做法及后果形成对比;第四部分写"官理"则从反面落笔,详细列举"长人者"种种"好烦其令"的扰民行为,引发人们对"蕃民生""安民性"的思考。

二、写人之巧

文章前两段虽仅有 107 个字,柳宗元却运用多种艺术手法把郭橐驼这一形象写得立体生动。开篇介绍郭橐驼名字的由来,欲扬先抑。"郭橐驼,不知始何名"暗示他身份低微,"病偻,隆然伏行"说明他相貌奇特,甚至可以说是丑陋。而他面对"乡人"开玩笑或许还有嘲讽意味的称呼,不但没有生气反而是欣然接受——"甚善。名我固当","善"前面加一"甚"字,"当"前面着一"固"字,凸显出郭橐驼的大度与豁达。不仅如此,他还主动弃用原来的名字,并在别人对自己的称呼"驼"前又加了一个"橐"字,使得整个名字更加诙谐俏皮,显示出他的乐观。"乡人"的做法和他的行为,他的外貌之"丑"和人格之"美"形成的鲜明对比,使一个丰满立体的人物跃然纸上。

第二段写他种树技艺高超,作者则将正、侧面描写的结合用到了极致。"视驼所种树,或移徙,无不活",无论是"种树",还是"移徙",都"无不活",柳宗元用非常简洁的语言从正面写出了郭橐驼技艺的高超,双重否定句的使用更是增强了笃定的语气。"硕茂""早实以蕃"则和"长安豪富人为观游及卖果者"的"迎取养"以及"他植者"的"窥伺效慕"形成了呼应。在"长安豪富人为观游及卖果者"前加了一个"凡"字,"迎取养"前面用"皆"和"争",说得坚定而绝对,强调追求郭橐驼的人之多,竞争之激烈。"他植者"虽暗中观察效仿,却终究比不上郭橐驼,更显其种树技艺之高超。

三、说理之巧

本文的写作背景是安史之乱后唐朝国力衰落、民不聊生,豪强地主兼并掠夺土地日益严重,"富者兼地数万亩,贫者无容足之居",有点土地的农民也深受各种苛捐杂税以及地方官吏不时扰民之苦。此时,柳宗元担任监察御史里行一职,"分察百僚,巡按郡县,纠视刑狱,肃整朝仪",他看到了吏治的混乱、百姓的疾苦,"特为良吏作官箴"(《古文眉诠》)。

金圣叹曾说,此文纯是上圣至理,而以寓言出之。《种树郭橐驼传》最终的落脚点是吏治和民生,柳宗元并未开篇直写,而是由"树理"到"官理",由"养树"

到"养人",以寓言的形式阐明要革新吏治、与民休息,"顺其天"、"致其性"、"蕃民生"、"安民性"的深刻道理,形象生动,通俗易懂。

为了说明道理,柳宗元对郭橐驼这一人物身份的设定也颇具深意:郭橐驼是丰乐乡的一个驼背种树人。"丰乐乡"看似是无关紧要的闲笔,作者却寄寓了反讽的意味,"丰乐之乡"实则并不"丰乐",暗示社会环境。"病偻"是说郭橐驼脊背弯曲,我们不难想到因劳累而驼背的底层人民。虽然柳宗元明确指出郭橐驼是因病而脊背弯曲的,我们还是不禁会问:此处之"病"是否仅仅指自然之病痛?是否也暗指官场与社会之弊病?另外,"种树人"是生活在社会最底层的一员,是吏治扰民之深、百姓生活之苦的亲历者,极具发言权。

文中道理的呈现借用了问答形式,文中的"问者",甚至可以说郭橐驼与"问者"都应是作者的化身,如同苏轼《赤壁赋》中的主客问答,柳宗元是在借他人之口言己之所想。"官理"的内容则蕴含着儒、道思想的融合,以道为形,以儒为本,要以顺应"自然"的为官之理实现百姓的富足与安定,以"无为"之法达"有为"之境。

"与尔"的为何是"三矢"?
——《五代史伶官传序》中"三矢"内涵探究

《五代史伶官传序》是欧阳修的千古名篇,文章通过对后唐庄宗李存勖的故事的叙述,简洁有力地阐释了"忧劳可以兴国,逸豫可以亡身"的道理,堪称千古名篇。当读到"与尔三矢,尔其无忘乃父之志!"时,笔者产生了一个疑问:晋王临终之时,"与尔"的为何是"三矢"?

一、为何"与尔三矢"?

"矢,弓弩矢也"[①],本义是箭。"三矢"在文献中经常出现,如:"选敢死二千人,俱持强弩,各傅三矢,使衔枚间行"[②],"(蒲鲁)会从猎,三矢中三兔,帝奇之,转通进"[③]。

《五代史伶官传序》中的"三矢","三"是实指,"矢"也取其本义,"三矢"即三支箭。文本也告诉了我们晋王"与尔三矢"的原因:"梁,吾仇也;燕王吾所立,契丹与吾约为兄弟,而皆背晋以归梁。此三者,吾遗恨也。与尔三矢,尔其无忘乃父之志!"晋王"与尔三矢"为的是让庄宗对付三个敌人:梁、燕王和契丹。宋代王禹偁在《五代史阙文》中有更为明确的表述:"世传武皇临薨,以三矢付庄宗曰:'一矢讨刘仁恭,汝不先下幽州,河南未可图也。一矢击契丹,且曰阿保机与我把臂而盟,结为兄弟,誓复唐家社稷,今背约附贼,汝必伐之。一矢灭朱温。汝能成吾志,死无恨矣。'"[④]

晋王李克用与后梁太祖朱温、燕刘仁恭父子、契丹阿保机三者的关系有一个变化的过程。李克用和朱温本是盟友,曾联手打败了黄巢的起义军,后来因

---

① 〔汉〕许慎撰、〔宋〕徐铉校定:《说文解字》,中华书局,1963年,第110页。
② 《后汉书》,中华书局,1965年,第763页。
③ 《辽史》,中华书局,1974年,第1351页。
④ 傅璇琮、徐海荣、徐吉军主编:《五代史书汇编》,杭州出版社,2004年,第2452页。

为"上源驿之变"两人结下深仇大恨:"朱全忠(即朱温)飨克用于上源驿,夜,酒罢,克用醉卧,伏兵发,火起,侍者郭景铢灭烛,扶克用床下,以水醒面而告以难。会天大雨灭火,克用得从者薛铁山、贺回鹘等,随电光,缒尉氏门出还军中。"①刘仁恭在兵败之时投奔晋王李克用,受到宠信,然而他不久便背叛;后来,其子刘守光自称大燕皇帝。文中的"燕王"实指刘仁恭父子。李克用一度与契丹首领耶律阿保机关系密切,达到"把臂而盟,结为兄弟"程度,但后来阿保机失信背盟,派人与朱温通好,最终"背晋以归梁"。讨伐这三个背叛自己的人,成了晋王留给庄宗的遗志,这就是著名的"三矢遗恨"。

二、"与尔"的为何是"三矢"?

晋王临终时留给儿子"三矢"为的是告诫他完成自己的遗志,消灭仇敌;那么,在众多的武器中,他为何偏偏留给儿子"三矢"呢?

除了"三矢"对应三敌之外,"与尔三矢"还和一件事有关,正是因为这件事的发生使得"三矢"的内涵有了蜕变和升华,这就是著名的薛仁贵"三箭定天山",也称"三矢平房"。很多文献对此都有详细的记载:

时九姓有众十余万,令骁健数十人逆来挑战,仁贵发三矢,射杀三人,自余一时下马请降……更就碛北安抚余众,擒其伪叶护兄弟三人而还。军中歌曰:"将军三箭定天山,战士长歌入汉关。"九姓自此衰弱,不复更为边患。②

时九姓众十余万,令骁骑数十来挑战,仁贵发三矢,辄杀三人,于是虏气慑,皆降……军中歌曰:"将军三箭定天山,壮士长歌入汉关。"九姓遂衰。③

仁贵发三矢,射杀三人。其余一时下马请降……是后遂绝边患。④

薛仁贵发三箭而定天山,坑杀九姓铁勒降卒,数量多达十余万人,随后又率军越过碛北追击铁勒残部,一战擒获叶护兄弟三人,基本上肃清漠北的叛乱,此后"九姓遂衰",不再成为唐朝的边患。因此,"三箭(三矢)"常用来形容箭法高超、作战勇敢,后亦以此典赞誉武将的功勋或抗击外敌、平房定边、誓取胜利的

---

① 《新五代史》,中华书局,1974 年,第 34 页。
② 《旧唐书》,中华书局,1975 年,第 2781 页。
③ 《新唐书》,中华书局,1975,第 4141 页。
④ 〔宋〕王溥:《唐会要》,中华书局,1955 年,第 1726 页。

雄心壮志。

此事成为一种传奇,广为流传,并常被后人引用或化用,如:白居易《和答诗十首·答箭镞》"不然学仁贵,三矢平虏庭",苏轼《次韵王晋卿奉诏押高丽燕射》"天山自可三箭取,海国何劳一苇航",陆游《中夜闻大雷雨》"已闻三箭定天山,何啻积甲齐熊耳",辛弃疾《江神子·和陈仁和韵》"却笑将军三羽箭,何日去,定天山"……

甚至出现了"后事前用"(即后来发生的事从前代人物口中说出)的现象,如"【外】果然三箭天山定。【末】一着戎衣国尽降"(沈采《千金记·饯别》),引例是汉朝张良和萧何称赞韩信的话,所用典故却发生在唐代。韩信未曾有过"三箭定天山"的事迹,用薛仁贵的事例来形容韩信的才能与功绩足以看出这个故事对后人影响之深。

"三矢"的内涵也因此得到了蜕变和升华,成为对抗外敌、誓取胜利的象征。时间距唐代不远的后唐必定对唐时名将的著名战役非常了解,而"三箭定天山"的英雄事迹也必定对风雨飘摇的后唐有着深刻的影响。面对当时混乱的局面,晋王期待有薛仁贵这样的英雄人物英勇杀敌,荡平边寇,三箭定乾坤,他临终之时"与尔三矢"也就可以理解了。

庄宗也体会到了父亲的用意,深刻地明白"三矢"所承载的意义,因此"受而藏之于庙。其后用兵,则遣从事以一少牢告庙,请其矢,盛以锦囊,负而前驱,及凯旋而纳之"。《五代史阙文》中也有类似的描写:"庄宗藏三矢于武皇庙庭。及讨刘仁恭,命幕吏以少牢告庙,请一矢,盛以锦囊,使亲将负之,以为前驱。凯还之日,随俘馘纳矢于太庙。"①庄宗将"三矢"藏于太庙,凡战时必祭祀而后请出,装在锦囊之中,这既是对父亲遗志的继承、对父亲在天之灵的告慰,更是为了激发自己的斗志。晋王的遗志也因庄宗的英勇作战而得以达成,庄宗最终"系燕父子以组,函梁君臣之首,入于太庙,还矢先王,而告以成功"。

后人对庄宗的事迹也有诸多赞扬:陈栎"策马渡河,朱梁陨灭,三矢告庙,志愿毕酬",范鼎"情深三矢训,泪下百年歌",杨慎"李存勖,承王位,雪仇三矢。灭仇梁,继唐统,气概豪英",袁枚"三箭高悬太庙凉,一年一战报先王",张承纶"亚子(庄宗的小名)真英雄,创痛还三矢"。

---

① 傅璇琮、徐海荣、徐吉军主编:《五代史书汇编》,杭州出版社,2004年,第2452页。

"三矢"的内涵因为庄宗的事迹得到进一步的固化,"锦囊三矢"也成为一个典故,在以后的文献中经常出现,多被用于表示立志报仇复国的坚定信念。

(张)煌言又拟上诏书一道,并约(郑)成功子经勖以亚子锦囊三矢之业,厉兵束装以待。①

俄(郑)成功卒,(张)煌言还军临门,又有议奉鲁王监国者,煌言使劝锦,以李亚子锦囊三矢相勖。②

还有的文献直接用"三矢"代指这件事:

煌言又与郑经书,勉以三矢,约群臣卢若腾以下厉兵大举。③

庶几沙陀(李克用本姓朱邪,沙陀族,被唐朝皇帝赐姓李氏)之三矢可以复命、秦墙之七日邀与同仇矣!④

可叹的是,庄宗灭后梁后骄傲自满,纵情享乐,以致兵变,最终死于流矢。

---

① 〔清〕徐鼒:《小腆纪传》,中华书局,1958年,第445页。
② 《清史稿》,中华书局,1977年,第9156页。
③ 〔清〕倪在田:《续明纪事本末》,《台湾文献史料丛刊》(第五辑),台湾大通书局,1987年,第132页。
④ 〔清〕顾炎武:《圣安本纪》,《台湾文献史料丛刊》(第三辑),台湾大通书局,1987年,第31页。

《答司马谏议书》该如何分段？

《答司马谏议书》说理清晰，逻辑严谨，语言刚柔相济，批判了保守派不恤国事、因循守旧的做法，表达了王安石鲜明的政治立场和坚定的变革决心，是驳论文的典范之作。正因如此，这篇文章多次被不同版本的教材收录。然而，这些教材对这篇文章的段落划分却不尽相同：

现行统编版高中《语文》必修下册：

某启：昨日蒙教，窃以为与君实游处相好之日久，而议事每不合，所操之术多异故也。虽欲强聒，终必不蒙见察，故略上报，不复一一自辨。重念蒙君实视遇厚，于反覆不宜卤莽，故今具道所以，冀君实或见恕也。

盖儒者所争，尤在于名实，名实已明，而天下之理得矣。今君实所以见教者，以为侵官、生事、征利、拒谏，以致天下怨谤也。某则以谓受命于人主，议法度而修之于朝廷，以授之于有司，不为侵官；举先王之政，以兴利除弊，不为生事；为天下理财，不为征利；辟邪说，难壬人，不为拒谏。至于怨诽之多，则固前知其如此也。

人习于苟且非一日，士大夫多以不恤国事、同俗自媚于众为善，上乃欲变此，而某不量敌之众寡，欲出力助上以抗之，则众何为而不汹汹然？盘庚之迁，胥怨者民也，非特朝廷士大夫而已；盘庚不为怨者故改其度，度义而后动，是而不见可悔故也。如君实责我以在位久，未能助上大有为，以膏泽斯民，则某知罪矣；如曰今日当一切不事事，守前所为而已，则非某之所敢知。

无由会晤，不任区区向往之至！

苏教版《唐宋八大家散文选读》（2006年）：

某启：昨日蒙教，窃以为与君实游处相好之日久，而议事每不合，所操之术多异故也……故今具道所以，冀君实或见恕也。

盖儒者所争，尤在于名实。名实已明，而天下之理得矣……如曰今日当一切不事事，守前所为而已，则非某之所敢知。

无由会晤,不任区区向往之至。

鲁人版《唐宋八大家散文选读》(2008年):

某启:昨日蒙教,窃以为与君实游处相好之日久,而议事每不合,所操之术多异故也……故今具道所以,冀君实或见恕也。

盖儒者所争,尤在于名实。名实已明,而天下之理得矣……盘庚不为怨者故改其度,度义而后动,是而不见可悔故也。

如君实责我以在位久,未能助上大有为,以膏泽斯民,则某知罪矣;如曰今日当一切不事事,守前所为而已,则非某之所敢知。无由会晤,不任区区向往之至。

对比三个版本教材段落的划分,主要的争议点有两个。一是"无由会晤,不任区区向往之至"一句是否该独立成段?二是文章中间的主体部分该划分为几段?如何划分?段落划分是为了让读者更好地读懂文章,因此要遵循两个原则:一是分段要符合文体特征;二是分段要依据内容的关联性。

题目中的"书"是书信,文体特征非常鲜明。在古代,虽然书信是一种形式比较灵活的文体,没有严格的格式,但是很多书信已经有了现代书信格式的雏形,尤其是有了启辞和结语的意识。如《报任安书》开头写道"太史公牛马走司马迁,再拜言。少卿足下……",结尾则是"书不能悉意,故略陈固陋。谨再拜";又如,丘迟《与陈伯之书》开篇写道"迟顿首陈将军足下:无恙,幸甚,幸甚!",结尾写道"聊布往怀,君其详之。丘迟顿首";再如李陵在《答苏武书》中以"子卿足下"开篇,以"李陵顿首"结尾。《答司马谏议书》中"无由会晤,不任区区向往之至"便是这封书信的结语。

此外,"无由会晤,不任区区向往之至"一句与上文的内容关联性并不大,上文的内容是对司马光之前来信的回复,"无由"一句表达的是对对方的仰慕,是写信结束的一句客套话。

因此,无论是从书信的格式还是从其与上文内容的关联性来看,"无由会晤,不任区区向往之至"一句都应该独立成段。

文章中间的主体部分应该划分为两段,"盖儒者所争……是而不见可悔故也"为一段,"如君实责我以在位久……则非某之所敢知"为一段。

《答司马谏议书》是王安石写给司马光的一封回信,逐一反驳了对方所加的五项罪名,即"侵官""生事""征利""拒谏""以致天下怨谤也"。从这个角度来看,现行部编教材将"至于怨诽之多,则固前知其如此也"一句与后面"人习于苟且非一日……是而不见可悔故也"分开显然是不合理的,因为这两部分讨论的话题一致,并且"人习于苟且非一日……是而不见可悔故也"是对"怨谤之多"原因的说明,两部分内容衔接非常紧密。这两部分又作为一个整体回答了司马光提出的"以致天下怨谤也"的问题。

把"如君实责我以在位久……则非某之所敢知"与前文"盖儒者所争……是而不见可悔故也"分开有四个方面的原因:第一,"盖儒者所争……是而不见可悔故也"这一部分是一个非常完整的整体,就是王安石对司马光所提的五个问题的说明,若后面加上"如君实责我以在位久……则非某之所敢知",反而画蛇添足;第二,两部分存在内容的可分割性,前一部分是对对方指责的反驳,后一部分是王安石决心变法、抗争到底的宣言;第三,两部分存在内在逻辑上的不平等性,"如君实责我以在位久……则非某之所敢知"相较于前文而言,语意更重,是对前文内容的递进和升华;第四,要考虑到驳论文特点,驳论文需要有力地驳倒对方,鲜明地表达观点,将"如君实责我以在位久……则非某之所敢知"这一部分单独成段,能够起到强调和突出的作用,可以坚定地表明自己的立场,增强文章的刚性。

综上分析,《答司马谏议书》一文段落应划分如下:

某启:昨日蒙教,窃以为与君实游处相好之日久,而议事每不合,所操之术多异故也。虽欲强聒,终必不蒙见察,故略上报,不复一一自辨。重念蒙君实视遇厚,于反覆不宜卤莽,故今具道所以,冀君实或见恕也。

盖儒者所争,尤在于名实。名实已明,而天下之理得矣。今君实所以见教者,以为侵官、生事、征利、拒谏,以致天下怨谤也。某则以谓受命于人主,议法度而修之于朝廷,以授之于有司,不为侵官;举先王之政,以兴利除弊,不为生事;为天下理财,不为征利;辟邪说,难壬人,不为拒谏。至于怨诽之多,则固前知其如此也。人习于苟且非一日,士大夫多以不恤国事、同俗自媚于众为善,上乃欲变此,而某不量敌之众寡,欲出力助上以抗之,则众何为而不汹汹然?盘庚之迁,胥怨者民也,非特朝廷士大夫而已;盘庚不为怨者故改其度,度义而后动,是而不见可悔故也。

如君实责我以在位久,未能助上大有为,以膏泽斯民,则某知罪矣;如曰今日当一切不事事,守前所为而已,则非某之所敢知。

无由会晤,不任区区向往之至。

析《林教头风雪山神庙》中的"风雪"之妙

《林教头风雪山神庙》一文中多处写到"风雪",各有妙用。标题中看似突兀的"风雪"二字,实则是作者匠心独运之处,词性和内容上的逻辑错位更能引发读者的思考;正文中,作者更是借助对"风雪"的描写设计了巧妙的构思,刻画了生动的人物,揭示了鲜明的主旨。

一、标题设疑,借逻辑错位引人思考

(一) 词性错位

小说标题中的"林教头"是名词,"山神庙"也是名词,二者之间应该放一个动词性词语,"风雪"本身是一个名词,不符合词性搭配的规律。此外,《水浒传》的回目非常讲究对称,如节选篇章的前一回是《柴进门招天下客　林冲棒打洪教头》,后一回是《朱贵水亭施号箭　林冲雪夜上梁山》,词性的对仗均非常工整。《林教头风雪山神庙》一文节选自第九回《林教头风雪山神庙　陆虞候火烧草料厂》,"火烧"是动词性词语,而"风雪"是名词性词语,即便是把"风雪"理解为名词活用作动词,二者仍然不对称:"火烧"是状中结构,"风雪"则是并列结构;陆虞候是"火烧"的施动者,林教头是"风雪"的受动者。

(二) 内容错位

《水浒传》各回的回目一般都指向小说的高潮部分,如第二回《史大郎夜走华阴县　鲁提辖拳打镇关西》、第七回《林教头刺配沧州道　鲁智深大闹野猪林》。从这一角度来看,教材选文的题目改为"林教头血洗山神庙"或"林教头复仇山神庙"似乎更为合理。如果考虑到和"陆虞候火烧草料厂"先后关系的问题,原著题目改为"陆虞候火烧草料厂　林教头血洗山神庙"似乎更为贴切。

从以上两个角度分析,"风雪"二字的运用是极不合理的。这种逻辑错位必然会引发读者的思考:施耐庵为何宁可违背词性搭配的规律、牺牲题目的表达效果也要用"风雪"二字呢?

二、构思巧妙,借"风雪"助推情节发展

题目之所以使用看似有违常理的"风雪"二字,是因为正文中有多处对"风雪"的描写,而这些描写中又蕴含着作者的匠心。著名文学批评家金圣叹在评论小说对"风雪"的描写时,一连用了三个"写雪妙绝"[①]。

"风雪"之妙首先在于作者借助"风雪"进行了巧妙的构思。文中有关"风雪"的描写集中在 7—11 段,"风雪"的特点可以简单概括为"风大雪紧"。在这几段中,故事情节便以"风雪"为线巧妙展开,前呼后应、环环相扣,如图所示:

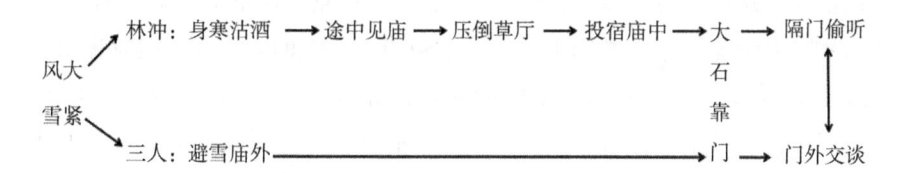

```
       林冲:身寒沽酒 → 途中见庙 → 压倒草厅 → 投宿庙中 → 大 → 隔门偷听
风大 ↗                                                石         ↕
雪紧 ↘                                                靠
       三人:避雪庙外 ——————————————————————→ 门 → 门外交谈
```

因为风大雪紧,林冲才去市井沽酒驱寒,才会在途中看到山神庙;因为风大雪紧,草屋才会被风吹雪压而倒塌,林冲才被迫到山神庙安身;为抵挡风雪,林冲才会用大石靠住庙门;为避雪,陆虞侯三人才来到山神庙;因为大石靠门,三人只能在门外交谈;也正因为大石靠门,才使得火起之时林冲不能第一时间打开庙门,才有机会听到陆谦等人的谈话,得知真相,手刃仇人。

三、内蕴丰富,借人物转变揭示主旨

"风雪"之妙还在于施耐庵通过对林冲面对"风雪"的语言、动作和心理的描写,呈现了人物精神成长的过程,揭示了小说的主旨。

面对被大雪压坏、被朔风吹撼的草屋,林冲首先想到的是"这屋如何过得一冬? 待雪晴了,去城中唤个泥水匠来修理";当他因风雪感到寒冷而去沽酒时,

---

[①] 陈曦钟、侯忠义、鲁玉川辑校:《水浒传会评本》(上),北京大学出版社,1981 年,第 211—213 页。

他"拿了钥匙,出来,把草厅门拽上;出到大门首,把两扇草场门反拽上锁了;带了钥匙,信步投东";当他沽酒回来发现草厅被雪压倒只得投身山神庙时,他"依旧把门拽上,锁了"。不管是从林冲要修理草屋"过得一冬"的想法,还是从他两次出门都要把门"拽上""锁了"的动作,都能看出林冲想在这里常住,反抗与复仇的念头并不强烈。

林冲这种不想反抗的态度,在前文他和李小二的对话中表露得更为清晰,"我因恶了高太尉,生事陷害,受了一场官司,刺配到这里""我是罪囚,恐怕玷辱你夫妻两个"。爱妻被调戏,误入白虎堂,刺配沧州道,受尽屈辱,险些被害,提到仇人他仍说是自己"恶了高太尉",并称自己是个"罪囚"。如果结合林冲过去的身份来看,我们便不难理解他的这种表现。他本是京城的八十万禁军教头,地位不低,俸禄不薄,婚姻美满,家庭和谐。他不去反抗,是因为他对未来刑满释放、重获生路仍抱有希望。正因如此,他才小心谨慎地掌管着草料场,他出门之时要把"火炭盖了",沽酒回来发现草厅被压塌时做的第一件事就是探身去摸火盆,恐怕"火炭延烧起来";也正因如此,当他路过一所古庙时,才会"顶礼道:'神明庇祐!改日来烧纸钱'"。心有所期,才会敬畏神明。林冲不反抗并不是软弱,而是隐忍。

然而,如此能忍的林冲最终还是反了,而且反得如此彻底,如此决绝,他连杀三人,血洗山神庙。风雪之夜,草料场上燃起的熊熊烈焰、陆虞侯三人的对话成了林冲反抗的引信,也成了压垮林冲的"最后一根稻草"。他一忍再忍,只因心中尚有一丝希望,然而当听到三人的对话之后,林冲才明白:所有的挣扎都是徒劳,所有的希望均已破灭,所有的憧憬不过是一厢情愿的幻想罢了。此时的他已彻底绝望,已毫无退路,已忍无可忍。正如孙绍振教授所说:"林冲被'逼'得太久,被压抑得忍无可忍,长期的屈辱爆发为不可抑制的血腥的复仇。情绪已经递增到饱和度,到这个份上,作者终于把林冲从心理上彻底地打出常轨:这个温文尔雅的、逆来顺受的军官,变成了尽情杀戮的屠夫。"[①]

林冲的这一转变,一方面使得人物形象更为鲜明,更为立体;另一方面也让我们真切地感受到当时社会的黑暗,深化了官逼民反的主旨。此时山神庙外的"风雪"既是自然中的"风雪",也是林冲人生的"风雪",更是当时社会的"风雪"。

---

① 孙绍振:《〈林教头风雪山神庙〉:"雪"在情节中的功能》,《语文建设》,2014年第10期。

林冲在经历"风雪"的痛苦磨砺后,终于挣断了忍辱偷生、逆来顺受的思想镣铐,实现了精神上的蜕变与升华。人生的风雪、社会的风雪把他席卷进去,他隐忍、挣扎,他绝望、重生,终于迎风而起,踏雪前行。

近现代中外名篇单篇细读

隐喻下的生存困境与生命张力
——《峨日朵雪峰之侧》鉴赏

陈思和教授曾这样评价昌耀的诗:"他的诗以张扬生命在深重困境中的亢奋见长,感悟和激情融于凝重、壮美的意象之中。"①这种生命困境中的"亢奋"往往蕴含在昌耀颇具心思的隐喻之中。隐喻的本质是映射,往往借助一个概念或者范畴来表达另一种具有相似性的概念或范畴。《峨日朵雪峰之侧》就是通过塑造一个艰难、痛苦而又坚定、执着的攀登者的形象,来映射作者自己的生命处境以及生存困境下的生命张力。这首诗是孤独者的无奈悲叹,也是攀登者的英雄颂歌,更是一声带着血痕的生命宣言。

一、诗歌之境

诗歌的起句"这是我此刻仅能征服的高度了",看似突兀,却是整首诗内容和情感的高度浓缩,是作者苦涩而又自豪的话语,其中隐蕴着作者处境的艰难、内心的无奈和精神的坚定。诗歌一开始就说"我"站到了一个"高度",因此只能"小心地探出前额","探"字可以看出"我"此时是向下看的,看到的是"太阳"正跃入"山海",能够俯瞰如此景象,足见"我"所处高度之高。"征服"二字则说明"我"达到这个高度一定经历了千难万险,用"征服"而不用"攀登""攀爬"也足见"我"内心是无比坚定的。"仅"字则蕴含了复杂的感情,既表明了"我"对这个"高度"并不满意,渴望继续向上,也蕴含着"我"无法"征服"更高的高度的无奈。这种无奈源自我"此刻"艰难的处境,"石砾不时滑坡"可见向上的前路之险,"喊

---

① 陈思和:《中国当代文学史教程》,复旦大学出版社,1999年,第386页。

杀声"般的"嚣鸣"可见背后深渊之深。

如此困境下,"我"却表现出了超乎想象的生命张力。对这种生命张力的表达,诗人可谓独具匠心。他并没有用过多的语言去描写"我"攀登的过程,仅仅用两处细节描写便使这位坚强高大的攀登者的形象鲜活生动地立于我们面前。"我的指关节铆钉一样揳入巨石的罅隙","巨石"和"指关节"一大一小,一强一弱形成了鲜明的对比;将"指关节"比喻成"铆钉",将血肉之躯硬生生地揳入岩石之中,震撼之余,我们能从中读出攀爬之艰难,更能读出"我"向上的意念之坚定。"血滴,从撕裂的千层掌鞋底渗出","我"经历了一个何其苦痛的过程,"千层掌鞋"一层层被"撕裂",直到磨穿鞋底,磨破脚掌,磨出鲜血;"血滴"二字单独成句,也是在强调面对向上过程中的痛苦,"我"有着一种何等的抗争精神。

诗歌后半部分展现了"我"复杂而真实的心理变化,"我"渴望继续向上,渴望更高的高度,渴望与"雄鹰""雪豹"为伍,这是"我"精神永恒的向往,这是"我"对一种生命状态的追求。然而,从"真渴望"三个字我们又不能不读出些许的悲凉,因为现实并不如人意,"我"的周围仅有一只"蜘蛛",而且"小得可怜"。"雄鹰""雪豹"与"蜘蛛"形成了巨大的落差,理想与现实发生了无情的碰撞。"我"并没有因此而沮丧、因此而颓废,反而是内心归于坦然。"默享"是一个非常有力量的词语,蕴含着谦卑与刚毅,是对生命的热爱、对生命力的赞颂,此刻的"我"至少对于自己而言是一个真正的胜利者。

二、隐喻之境

昌耀的诗具有浓烈的主观色彩,《峨日朵雪峰之侧》中的"我"在某种意义上是诗人自己的化身,攀登的高度、生存的境遇、内心的变化在很大程度上是他生命足迹和精神世界的延续,是对自己生命状态的一种隐喻。

昌耀有着同诗中的攀登者一样的坎坷经历:1950年,14岁的他成为中国人民志愿军的一名文艺兵;1953年夏抗美援朝战争即将结束时负伤致残,后进入河北省荣军学校;1955年响应"开发大西北"的号召到了青海;1957年因诗歌获罪,21岁的他以"囚徒"的身份开始了在青海荒原上长达22年的流放生涯,直至1979年复出。

1957年对昌耀而言是一个极其特殊的年份,他因诗歌获罪被流放,一夜间从一个热血的战士、激情的诗人成为一个"囚徒",这对他是一个极其沉重的打击。此后,他便如同一个不甘屈服于命运的攀登者,不停地征服人生的山峰。二十二年的经历促使了他生命意识的觉醒,他曾说:"这是一个对于我的生活观念、文学观念发生重大影响的时期。我以肉体与灵魂体验的双重痛苦,感悟了自己的真实处境与生存的意义。"[1]诗人燎原将昌耀这一时期的诗歌称为"荒原流放中心灵的磷火流萤"[2]。这个说法准确而生动,诗人被流放在现实的、人生的荒原,但他在人生至暗之时挣扎、反抗,内心始终保持着对那微弱却又清晰的生命之光的向往。这一切的生命体悟都凝结、沉淀于他诗中,"此后二十二年我在劳改农场劳作之余间或有过的写作,均可看作是一种留作自慰的心境表述,一种顾影自怜,或是一种自命的雄飞豪情"[3]。写于 1962 年的《峨日朵雪峰之侧》便将这种复杂的心境表现得淋漓尽致:攀登命运高峰的豪情壮志,深受困境打击的顾影自怜,坦然面对现实的自我宽慰。

当我们带着昌耀厚重而疼痛的一生,再去读这首诗歌时,会感受到诗中别样的生命力量。"这是我此刻仅能征服的高度了",这不仅仅是眼前的峨日朵雪峰的高度,更是他命运之峰的高度;这也绝不是诗人在攀登雪峰的那一瞬间参悟到的诗句,而是创巨痛深、饱经沧桑后对人生的深刻领悟。诗人在现实和精神的荒原中跋涉,在自然和命运的险峰上攀登,承受过多少辛苦、寂寞、茫然、无助,拼尽全力却又无法到达更高的高度,虽不能登顶却又不减昂扬向上的斗志。

彷徨的太阳、引力无穷的山海、滑坡的石砾、嚣鸣的深渊,周围的一切都是反常的、混乱的、无序的、危险的、涌动的。这些都是诗人对"此刻"的诠释,是诗人的所见所闻,更是诗人的所思所感。"惊异"是诗人内心最真实的写照,是诗人对那个政治敏感时期的社会、政治、意识形态所表现出的喧嚣、狂热、病态、非理性的无奈与痛心。

然而,诗人并未就此沉沦,即使在极度困厄的人生困境中、在万般苦难的生命深渊中,他仍用铆钉般的关节、滴血的脚掌搏出一条血路,仍对峰顶充满着期待,仍对自己的未来确信不疑。这已不再是纯粹意义的身体和生理上的抗争,更是一种带着血痕的精神和灵魂上的挣扎与自渡。因此,燎原曾说,昌耀诗歌

---

[1]《昌耀诗文总集(增编版)》,作家出版社,2010 年,第 856 页。
[2]《昌耀诗文总集(增编版)》,作家出版社,2010 年,第 7 页。
[3]《昌耀诗文总集(增编版)》,作家出版社,2010 年,第 856 页。

存有绝不向命运屈服的力量。

"雄鹰""雪豹"是诗人对理想的生存境遇的追求,是一种昂扬向上的生命状态;"蜘蛛"则是诗人对自己生命现实的接纳和认同。心怀理想并不懈奋斗是一种力量,身处困境却能以平和的心态去面对更需要勇气。"昌耀在这里感受到了摧肝裂胆般的生命的大摧折,然而,最初那种不惜自残的生命愤怒的对峙,于此则又恰恰向着亲和的形态转换。他开始以对高原古老地力的感应,获得生命的支撑。"[1]诗人在这个让他九死一生的落难之地,得到了生命的超脱、精神的重构和灵魂的救赎,他让自己站到令人敬畏的生命高度,让我们看到了生存困境中迸发出的强大的生命张力。

---

[1] 《昌耀诗文总集(增编版)》,作家出版社,2010年,第13页。

如此"动人"

——《动人的北平》鉴赏"三部曲"

《动人的北平》是林语堂先生的一篇散文。这篇文章真正地体现出了散文的"散",通篇读来,就像一位老人在北平的街上悠闲地散着步,走到哪里就写哪里,看到什么就写什么,想怎么写就怎么写。文章描写的场景多变、涉及的人群多样、展现出的生活状态多姿多彩;但是,文章的内容多而不乱,散而有"神",最终落脚到一个词——"动人"。

一、动人的北平

在林语堂眼中,一个城市就好比一个人,因此,他称一个城市的特点为"品格"。林语堂笔下的北平有着多样的品格:北平是包容的,它"魁梧""老成""豪爽""宽大",包容着各色各样的事物,包容着形形色色的人群,包容着五颜六色的色彩。北平是厚重的,它的根脉深入历史的泥土之中,从时代的沧桑中汲取营养,枝叶繁茂。北平是高贵的,它是"珠玉结成的",亭台楼阁富丽堂皇,瓦脊檐槛金碧辉煌。北平是热闹的,它高楼林立,商业繁荣;它是"饮食专家的乐园",是"采购者的天堂";它可以承载一个"国王的梦境",也可以给予庶民一份惬意。北平是清静的,它有"蓝天洁月""雨夏凉秋",清晨在花园里拔白菜时仰望西山,便如同置身于陶渊明"采菊东篱下,悠然见南山"的诗意之中。北平是宜居的,它建筑美观,布局讲究,道路宽阔,生活舒适,环境自由,百姓淳朴。

北平是动人的,它的动人之处就在于它鲜明的、多样的品格。

二、动人的《动人的北平》

能将北平的动人之处如此真切地展现在我们面前,要归功于林语堂巧妙的技法和动人的语言艺术。

(一)"全景扫描"

林语堂写这篇文章不是"坐着"写成的,而是"走着"写成的。他并没有拘泥于北平的一个事物、一个场景、一个侧面、一段历史、一类人群,而是对北平进行"全景扫描"。这种"全景扫描"包含两个方面:

一是"散点透视"。林语堂对北平的描写,并不是走马观花式的粗线条的勾勒,他采取的是类似于中国绘画中的"散点透视"的技法。读文本,便有一种跟随林语堂的脚步逛北平城的感觉。作者选取了多个场景作为"欣赏点",这些点相互独立又相互关联,各具特色又共同构成一个完整的画面。当林语堂把目光投向一条寻常"小路"时,他便刻画各色的人群,"驼背的老人""可爱的老画家""踢毽子的老人""刀手""儿童戏剧学校的太太";当他把目光聚焦于北平的院落时,他则描写院落中的"金鱼缸""梧桐或石榴树""果蔬",甚至是"清晨在花园中拔白菜"的一个瞬间……这些精心雕琢的小场景集合在一起,一幅立体、生动的北平画卷便在我们的面前铺展开来。

一是多维度描写。林语堂对北平的观察不局限于一个角度或者层面,而是深入到北平的方方面面,肌肤、血脉乃至骨髓。他将自然景物与人文景观凝诸笔端,将历史的印记与现实的场景寓于文中,将古典的传统和现代的气息蕴于全篇,既有空间的扩展,又有时间的延伸。多层次、多维度描写下的北平不是干瘪的、僵硬的,而是品格丰富、内蕴动人的。

(二)"动人"的语言艺术

高超的语言艺术是林语堂能够把北平写得如此动人的又一原因。

生动的修辞在文中俯拾即是,如"北平好像是一个魁梧的老人,具有一种老成的品格",既用比喻,又有拟人,以人物写地方,以品格写城市特点,充分地写出北平的博大、成熟和历史的厚重感;又如"北平又像是一株古木老树,根脉深入地中,藉之得畅茂",把北平比喻成"古木老树",把生活在北平的人比作"数百万的昆虫","数百万的昆虫"世代生活在这棵"古树"上,靠这棵"古树"的滋养繁衍生息,不仅写出了北平的古老,更凸显了北平的包容。

林语堂还善于选取典型的形象进行对比。文章第二段通过"穿高跟鞋的摩登女郎"与"着木屐的东北老妪"的对比,"胡须苍白的画家"和"大学生"的对比,

"新式汽车"与"洋车、驴车"的对比,写出了北平现代的年轻文化和古旧的传统文化相互对照、碰撞却又和谐共存的场景,从而展现了北平的大度和包容。

文章还注重句式的变换,如文章的第三段,整个段落运用排比句,句式整齐,增强了表达的气势;"谁去理那回事"反复出现,借助反问强调北平对不同事物共存毫不在意,凸显出北平包容的胸怀,同时透露出作者无比欢畅之情。整句和散句、长句和短句的结合在文中更是随处可见。

自然、亲切、诗意、雅俗交融的语言风格是文章的又一动人之处。通俗亲切的口语,如"那回事""露着大肚子""调门儿""那儿",不仅凸显了北平特色,还拉近了与读者的距离。"并且北平有蓝天洁月,雨夏凉秋,与高爽的冬日气候"一句则选取了优美的意象,运用诗意的语言,写出了北平静美的一面。"清晨在花园中拔白菜的时候,抬头可以看到西山的雄姿",看似不经意的一句轻描淡写,却表达了一种优雅的审美情怀,写出了一种身处繁华都市却宁静自在的心境,充满了诗意化的意蕴与韵味,令人回味无尽。

三、动人的林语堂

林语堂在极力向我们展现北平的"动人",然而文中的一些段落却值得我们寻味。

文章的第九段,作者写到了形形色色的人,有"触犯法律的人""作奸犯科的警察""盗贼与保护盗贼的人""乞丐与乞丐之王""罪人""除妖的藏人""算命""妓女""中国与俄国的职业舞女""日本和朝鲜的走私者""卑鄙的政客",我们很难把这些人和"动人"这个词联系在一起。在文章的最后两段,作者在描写北平的"常人"即"人力车夫"时,用了一个比"动人"情感色彩更浓的词语——"最迷人";同样,我们也很难把"人力车夫"和"最迷人"联系在一起。

林语堂为何这样写?当我们说一件物品、一座城市甚至是一个人"动人"或者"迷人"时,一定是这件物品、这座城市、这个人所具有的特征符合我们的价值取向和审美标准。作者说北平是动人的,是因为他的个人经历、价值取向、精神境界和北平的"品格"产生了共鸣,因而充满了认同和欣赏。因此,"动人的北平"首先是林语堂眼中的"动人的北平"。

郁达夫曾指出:"现代的散文之最大特征,是每一个作家的每一篇散文里所表现的个性,比从前的任何散文都来得强。……我们只消把现代作家的散文集一翻,则这作家的世系、性格、嗜好、思想、信仰,以及生活习惯等等,无不活泼泼地显现在我们的眼前。"①林语堂笔下的"动人的北平"并不只是在写客观外物,也是在写自己的内在感受,表达自己的价值取向,传递自己的审美心境。因此,那些我们看来"不动人"而林语堂却说其"动人"的地方,正是值得我们揣摩的地方,也是我们打开林语堂思想之门的一把钥匙。

(一) 林语堂的北平情怀

林语堂的足迹遍布海内外多个城市,他在北平的时间不是最长的,前后不过6年;但是从他的文章中我们可以读出林语堂对北平那份真挚的情感。有很多作家在北平居住并描写过北平,但是没有一个人对北平的情感能比得上林语堂这样纯粹,平淡中透着浓烈。老舍先生对北平有一种难以言说的情感,他在《想北平》中说:"可是,我真爱北平。这个爱几乎是想说而说不出的。我爱我的母亲。怎样爱?我说不出。""好,不再说了吧,要落泪了,真想念北平呀!"在老舍的心中,他对北平的情感是如一个儿子对待母亲一样的,是提及就要落泪的;但是,他对北平的爱也是有选择的,"我所爱的北平不是枝枝节节的一些什么,而是整个儿与我的心灵相黏合的一段历史,一大块地方,多少风景名胜,从雨后什刹海的蜻蜓一直到我梦里的玉泉山的塔影,都积凑到一块,每一细小的事件中有个我,我的每一思念中有个北平,只是说不出而已"(《想北平》)。他甚至对北平的一些人或事是批判的:"二百多年积下的历史尘垢,使一般的旗人既忘了自谴,也忘了自励。……有钱的真讲究,没钱的穷讲究。生命就这么沉浮在有讲究的一汪死水里。"②朱自清也曾说"北平实在是意想中中国唯一的好地方",甚至称北平是自己"精神上的家",但是北平的雨却也会让他的心情"阴郁"。梁实秋的表达更为直接,"北平是大地方,从前是辇毂所在,后来也是首善之区,但也是'朱门酒肉臭,路有冻死骨'的地方"(《北平的冬天》)。

只有林语堂,他对北平的情感是质朴的、不带挑剔的,他将自己的笔触伸向那些别人不愿甚至不屑去写的琐碎和细节。他对北平的这种独有的情结,凝聚

---

① 郁达夫选编:《中国新文学大系·散文二集》,上海良友图书印刷公司,1935年,第5页。
② 老舍:《正红旗下》,文汇出版社,2008年,第20页。

在每一座建筑、每一类人群、每一条胡同、每一棵树木,甚至每一声叫卖声之中。他还专门写过一本书《辉煌的北京》,分十一篇从不同的角度来介绍北京的方方面面。他在书中极力表现自己的热爱之情:"北京代表了中国的一切——泱泱大国的行政中心,能够追溯到大约四千五百年前的伟大文化的精髓,世界上最源远流长、完整无缺的历史传统的顶峰,是东方辉煌文明栩栩如生的象征。"[1]

(二)林语堂的"泛美"倾向

所谓"泛美"倾向是指用包容的心态和审美的眼光看待生活中的一切,认为时时处处、万事万物都有美的内蕴和美的灵光。不同的人眼中会有不同的世界,一个作家眼中的人或事物往往附着着作者本身的情感和价值取向。在别人眼里北平或许是鱼龙混杂的,但当林语堂走在北平的街头时,目光所及,无一不是动人的。他对一切的事物、一切的人都持着一种欣赏的态度,一种审美的眼光。

林语堂的"泛美"倾向和他自身的经历有密切的关系。林语堂1895年出生于福建一个基督教家庭,父亲为教会牧师;1912年入上海圣约翰大学,毕业后在清华大学任教;1919年秋,赴哈佛大学文学系求学,并获得了硕士学位;后又到莱比锡大学攻读比较语言学,1923年获得博士学位后回国,任北京大学教授;1954年,赴新加坡筹建南洋大学,任校长;1966年定居台湾;1967年,受聘为香港中文大学研究教授;1976年在香港去世。

在如此丰富的人生经历中,他见到了不同的人和事,受到了不同国家和地区的文化和思想的影响。林语堂的思想中既有传统的印记又有现代的意识,既有东方的理念又有西方的思维。因此,北平形形色色的人群他都感到动人,"新式汽车与洋车、驴车"也可"媲美";甚至,当沙尘暴来袭,"天空阴暗,太阳看起来泛着黄色。尘土很像一层厚厚的云。它钻进人们的耳朵和鼻孔里,弄得满嘴沙砾"时,他看到的也是"漂亮的女人坐在黄包车中,用美丽的丝巾蒙着脸,丝巾随风飘动着"[2]。

可以说,林语堂是一个由中国传统文化与西方文化混合土壤培养出来的知

---

[1] 林语堂著,赵沛林、张钧等译:《辉煌的北京》,陕西师范大学出版社,2003年,第271页。
[2] 林语堂著,赵沛林、张钧等译:《辉煌的北京》,陕西师范大学出版社,2003年,第27页。

识分子,他对不同历史、不同文化、不同事物、不同人群具有极强的包容性和认同感,带着欣赏、审美的眼光去看待一切。

(三) 林语堂的平民意识

北平是北京在特定历史时期的称呼,仅仅从"平""京"二字便可道出上千年的历史。北平是汇聚帝王之气的地方,是雍容华贵之城,但是在林语堂的眼中不只有"高耸的北京饭店""紫金的御色屋顶""宫殿亭园楼榭""艺术博物馆""大百货商店",还有平民"院落""金鱼缸""梧桐或石榴树""白菜""村庄麦田",以及喝一下午"所费不过是两角五分"的茶;也不只有"穿高跟鞋的摩登女郎",还有"着木屐的东北老妪"、"露着大肚子"的老画家、"踢毽子的老人"、"裸体的儿童",更有"最迷人的"常人——"他们不是圣贤和教授,而是人力车夫"。作者虽是知识分子,可是他的笔端更多触及的是平民百姓的生活。文中有他们,说明林语堂眼中有他们,心中有他们。他曾在《生活的艺术》一书的序言中说:"我的理论依据,大都是从下面所说这些人物方面而来:老妈子黄妈……;一个随口骂人的苏州船娘;一个上海的电车售票员;厨师的妻子……"[1]林语堂的平民意识和平民倾向是根植在他的精神世界的。

(四) 林语堂的乐观态度

林语堂称"人力车夫"是"最迷人的",他们到底有何"迷人"之处?文中说"从西城到颐和园洋车费一元左右,你或者以为这是很便宜的。这的确是便宜,而车夫却欣然收之",他们收入微薄却也乐在其中。他们还"沿途互相取乐,笑论别人的不幸遭遇",这里的"别人"其实就是他们自己,是同类的人。这种"笑"没有丝毫嘲讽或冷眼旁观的味道,是善意的,是他们的生活调料,是一种人生的态度。就算是有"不幸遭遇"的当事人,在讲自己的经历时,口吻也是"诙谐清雅"的,他们并不抱怨生活,而是乐观面对、心怀感激。

林语堂对这类人、这种生活态度的欣赏也折射出了他乐观的生活态度。他在《人生不过如此》中曾这样说道:"在不违背天地之道的情况下,成为一个自由而快乐的人……我们最重要的不是去计较真与伪,得与失,名与利,贵与贱,富

---

[1] 林语堂:《生活的艺术》,江苏人民出版社,2014年,第2—3页。

与贫,而是如何好好地快乐地度日,并从中发现生活的诗意。从某种程度上来说,人生不完美是常态,而圆满则是非常态,就如同'月圆为少,月缺为多'的道理是一样的。如此理解世界和人生,那么我们就会很快变得通达起来,也逍遥自适多了,苦恼和晦暗也会随风而去了。"

  动人是一个城市独有的气质,动人是诗意的语言,动人是豁达的心胸,动人是包容的情怀,动人是对生活的热爱,动人是一种平民意识,动人更是一种乐观的生活态度。

  细品本文,原来如此动人!

心结　形象　人性
——《百合花》鉴赏

"小说的风格倘如暑天雷雨,淋漓尽致,读者抚掌称快,然而快于一时,没有回味。小说的风格倘近于静夜箫声,初读似觉平凡,再读则从平凡处显出不平凡了,三读以后则觉得深刻,我称这样的作品是耐咀嚼,有回味的。"[1]《百合花》便是一篇如"静夜箫声"的作品,它虽没有宏大的画面场景,没有复杂的人物关系,却通过对人物内心波澜的描写,塑造了真实生动的人物形象,展示了纯洁美好的人性。

一、"我"的心结

小说以第一人称的视角展开,"我"是整个故事的串联者。面对通讯员,"我"的内心几经起伏:"生起气来"—"发生了兴趣"—"着恼"—"越加亲热起来"—"这都怪我了"—"从心底爱上"。

"我"生气,一方面是因为"我的脚烂了,路又滑,怎么努力也赶不上他",通讯员却"撒开大步""把我撂下几丈远","我"既有怕他"笑我胆小害怕"的顾虑,又有"怕一个人摸不到那个包扎所"的担忧;另一方面也有"迁怒"的意味在里面,在分配任务时,因为"我"是个女同志,团长抓了半天后脑勺才叫通讯员送"我"到前沿包扎所去,"我"的反应是"包扎所就包扎所吧!",从这勉强的语气中能够感受到那时的"我"已经有些许不悦了。

通讯员总能和"我"保持一定的距离,这引起了"我"的兴趣。这一细节蕴含着作者颇多的心思,看似写"我"因好奇而产生的心理转变,实则把这个刚刚出场还没让我们看清模样的通讯员写得鲜活生动。送"我"去前沿包扎所,对他而言是一个不愿意却又不能不完成的任务。他"撒开大步"就是为了尽快完成任

---

[1] 茅盾:《〈草原上的小路〉序》,《草原上的小路》,百花文艺出版社,1982年,第1页。

务,后文也写到"我"让他回团部时"他精神顿时活泼起来了,向我敬了礼就跑了"。他一路送我到前沿,心却一直在团部,而且是"主攻团"的团部。文中还提到他是大军北撤时"自己跟来的"。一个年轻、稚嫩却渴望战场的形象渐渐浮现在我们眼前。"总和我保持着丈把远的距离"足见他时刻关心着"我"的一举一动。作者对通讯员的描写并不是凭空想象的,在《〈百合花〉的写作经过》一文中,她提到了自己跟一个通讯员去前沿的切身经历:"一上了路,他却不愿意我傍着他走,要我拉开距离,拉开距离的意思我懂,是为了减少伤亡,这也是军人的常识。"[1]对此,作者在前文也做了暗示——"敌人的冷炮在间歇地盲目地轰响着"。因此,通讯员的行为是特定环境下关心、保护"我"的一种特定表现。

写"我""着恼"实为欲扬先抑。面对通讯员"冷漠"的表现,"我"带着反抗的情绪坐到他对面,而他的局促不安、张皇失措却一下子消除了"我"内心的不满。"我"从反抗到接纳,内心从封闭到打开,这种瞬间的强烈的情绪反差,意在凸显通讯员的讷讷寡言、羞涩腼腆、忸怩可爱,同时也为下面"我"与他的对话提供了可能。

插叙"我"对故乡生活的想象,看似多余,实则还是为了刻画通讯员这一形象,"垫""扛""拖""刮打"等一系列的动作让"我"从"熟悉的故乡生活"中看到一个勤劳、朴实的小伙儿,"我"不免对他"越加亲热起来"。

"我"内心的变化还表现在交谈的内容上。从"哪里人"到"在家时干什么"到"多大了"到"怎么参加革命的"到"家里还有什么人"到"你还没娶媳妇吧","我"问的内容越来越"私密",说明"我"对他越来越亲近。通讯员永远只是被动地回答,尤其是"我"问他"你还没娶媳妇吧"时,他更是"飞红了脸,更加忸怩起来,两只手不停地数摸着皮腰带上的扣眼。半晌他才低下了头,憨憨地笑了一下,摇了摇头",这一系列细腻传神的描写,让通讯员的形象越加清晰、丰满、立体起来。面对被"我"问得满头大汗的通讯员,"我"也自责起来——"这都怪我了",此时"我"已经彻底接受这个年轻人了。

"借被子"的过程中,当他听了"我"的玩笑话而为是否送回被子矛盾时表现出的"认真""为难""好笑""可爱",更是让"我""从心底爱上了这个傻乎乎的小同乡"。

---

[1] 茹志鹃:《〈百合花〉的写作经过》,《语文教学与研究》,1996年第5期。

作者描写"我"的心理变化实有"醉翁之意",背后站立着一个真实而生动的形象,他忸怩、可爱、单纯、善良、朴实,不善言辞却关心别人。随着"我"的心结一点点打开,这个形象逐渐向我们走来,慢慢变得清晰。正如茅盾先生评价这篇小说时所说:"它的人物描写,也有特点;人物的形象是由淡而浓,好比一个人迎面而来,愈近愈看得清,最后,不但让我们看清了他的外形,也看到了他的内心。"①

二、新媳妇的心结

新媳妇是作者着力刻画的另一个形象,她有过借被子与不借被子的矛盾,擦身子与不擦身子的犹豫。

通讯员向她借被子却空手而归,当"我"硬着头皮再去借时,她的表现也是"一边听着,一边不断向房里瞅着""看看我,看看通讯员"。这种不舍与犹豫不仅不会矮化新媳妇这一形象,反而使得人物形象愈发真实。这是"一条里外全新的花被子",新媳妇有些不舍是人之常情。更重要的是,这是她唯一的嫁妆,"也许她为了这条被子,在做姑娘时,不知起早熬夜,多干了多少零活儿,才积起了做被子的钱,或许她曾为了这条花被,睡不着觉呢",这虽然是"我"和通讯员开玩笑时说的话,但应该是现实情况的真实写照。这条被子凝聚着新媳妇深深的情感,她会犹豫是必然的。从身份而言,她是"刚过门三天的新娘子",要将自己唯一的嫁妆盖到陌生的男人身上,不舍之中应该还有一些害羞。想必她还有"男女授受不亲"的思想并说过类似的话,通讯员才有了"老百姓死封建"的抱怨。

当"我"要她帮忙拭洗伤员身上的污泥血迹时,她表现得更加犹豫。尽管我再三劝说,最后她也"只答应做我的下手"。对于一个没有战争经历的女性来说,面对伤口、血迹必然会害怕;作为一个刚过门三天的新娘子,要去擦拭陌生男人的身体,一定会感到害羞。

这一系列的描写刻画出了一个最本真的农村女性形象,同时也是在为她崇高人性的绽放蓄势。

---

① 茅盾:《谈最近的短篇小说》,《人民文学》,1958年第6期。

借被子时,她听"我"说完共产党的部队打仗是为了老百姓的道理后,"好像在掂量我刚才那些话的斤两",犹豫过后,"她转身进去抱被子了"。真实的内心斗争之后的选择彰显出的是她识大体、顾大局的品格。

通讯员的牺牲成了彻底打开她内心的钥匙。面对这个用自己的生命保护别人的年轻人,她心底最美的人性完全被激活了。在"我"还在打发其他同志走的时候,她"解开他的衣服""刚才那种忸怩羞涩已经完全消失,只是庄严而虔诚地给他拭着身子"。在她看来,这是一种仪式,一种向英雄致敬的仪式。当所有人都已经明白通讯员的生命无法挽回时,她却"依然拿着针,细细地、密密地缝着那个破洞"。这一针一线缝补的是借被子时她让他受气的愧疚,是他走时没给他缝上肩头的破洞的懊悔,是对这位少年英雄的无比崇敬和痛惜。

茹志鹃并没有把小说的高潮设置在通讯员舍己救人的情节上,而是设置在了新媳妇献出自己被子的那一瞬间。看到有人要揭掉通讯员身上的被子,一向爱笑的她再也无法掩饰内心的悲伤和恼怒,"劈手夺过被子,狠狠地瞪了他们一眼",特别是她气汹汹地嚷出的那半句"是我的——",更是她内心复杂情感的最为悲痛的宣泄。当新媳妇把自己唯一的嫁妆盖在通讯员身上的那一刻,这两个纯洁、质朴、水一般清澈的形象便紧密地联系在一起,两种光辉的人性便牢牢地交织在一起,两个高洁的灵魂如同百合花一样一同绽放。

三、作者的心结

程翔老师曾说:"大凡优秀小说,其核心任务是塑造人物,塑造人物的核心目的是表现人性;至于表现什么样的人性,则与作家的创作意图密切相关。"[①]

《百合花》是茹志鹃"在匝匝忧虑之中,缅怀追念时得来的产物"[②]。写本文时,她心中也有郁积的心结:"我写《百合花》的时候,正是'反右派'斗争处于紧锣密鼓之际,社会上如此,我家庭也如此。啸平处于岌岌可危之时,我无法救他……"[③]当她面对当时社会的一些弊病、自己丈夫堪忧的境遇、人与人之间冷

---

① 程翔:《我教〈百合花〉》,《语文学习》,2019年第11期。
② 茹志鹃:《〈百合花〉的写作经过》,《语文教学与研究》,1996年第5期。
③ 茹志鹃:《〈百合花〉的写作经过》,《语文教学与研究》,1996年第5期。

漠的关系却无能为力时,便"不无悲凉地思念起战时的生活和那时的同志关系"①,因为"战争使人不能有长谈的机会,但是战争却能使人有深交。有时仅几十分钟,几分钟,甚至只来得及瞥一眼,便一闪而过,然而人与人之间,就在这个一刹那里,便能够肝胆相照,生死与共"②。

  于是,作者将"我"、通讯员、新媳妇三个素不相识的人放在一起,通过细微之处彰显人与人之间的真诚,以小见大地呈现人性的真善美。《百合花》是作者情感的一种寄托,更是她在人生困境中打开的一扇探寻美好的心窗。作者想要通过这首"没有爱情的爱情牧歌"表达对高洁美好的人性的讴歌和颂扬,对真诚的人际关系的渴望和向往。

---

① 茹志鹃:《〈百合花〉的写作经过》,《语文教学与研究》,1996年第5期。
② 茹志鹃:《〈百合花〉的写作经过》,《语文教学与研究》,1996年第5期。

《哦,香雪》"火车"物象解读

《哦,香雪》是铁凝的经典名篇。小说除了塑造了个性鲜明的人物形象外,还十分注意对具有象征意义的物象的选择与描写。"一个小说里的'物象'处理得好不好,成不成功,要看这个'物象'能承载多大的重量;或者把'物象'比喻成一根杠杆,看它能撬动多大的重量。"① 从这个意义上讲,"火车"是我们在解读这篇小说时不能忽视的一个物象。

一、引出特定的环境、特定的人群

小说一开始便从"火车"写起,铁轨的延伸将这个"一心一意掩藏在大山那深深的皱褶里"的小村庄渐渐拉入我们的视野。作者借助"火车"的"目光"来打量这个小村庄,"火车""不停"与"停"的变化带给了我们对于台儿沟的最初印象。"不停"是因为这里偏僻、闭塞、落后,"不具备挽住火车在它身边留步的力量";"停"则"也许什么都不为,就因为台儿沟太小了,小得叫人心疼",如此便愈见其贫穷与闭塞。

"火车"在台儿沟"毫无理由"地停靠的一分钟,搅乱了台儿沟以往的宁静,打破了人们对大山的虔诚,成了整个故事的引线。火车挟带来的"来自山外的陌生、新鲜的清风"和"台儿沟贫弱的脊背"颇具戏剧化地出现在了同一个画面中,这预示着故事将在一个特定的时代背景下的特定环境之中发生。台儿沟的姑娘们便在这个特定的环境、特定的时间登场了。

二、促使生命个体的觉醒、成长和突围

小说对主人公香雪的塑造也是围绕"火车"展开的,"看火车"—"追火车"—

---

① 丁辉:《一只铅笔盒的重量——重读铁凝〈哦,香雪〉》,《中学语文》,2019年第28期。

"上火车"—"下火车",香雪在这一过程中完成了自我的觉醒、成长和突围。

她起初对"火车"持有一种矛盾的态度,既渴望又恐惧,因此她"总是第一个出门",火车来了"却缩到最后去了"。这固然和她的性格有关,更重要的是香雪内心中有隐隐的痛。在公社上学时,同学们故意的、带有嘲讽意味的问题以及自己"笨拙""陈旧"的铅笔盒,让她第一次意识到贫穷是不光彩的。因此,面对从比公社更为"高级"的世界来的"火车",这个十七岁的姑娘无法仅仅怀着一颗好奇心去看待。那小声的一句"你们城市里一天吃几顿饭?"是她"自欺欺人"的求证,她多么希望"火车"上的人都会回答她说"两顿"。

当然,她更希望从这个来自陌生文明的事物身上寻求答案,找到路径。因此,她会"抓空儿向他们打听外面的事",她会"向一位戴眼镜的中年妇女打听能自动开关的铅笔盒",甚至"还问到它的价钱"。当对方还没来得及回答火车就开动了时,"她追着它跑了好远"。"追火车"的行为,香雪完全是无意识的,是忘我的,里面包含着一个青年人对自我生命状态的思考与觉醒。

当她在"火车"上看到自己渴望已久的自动铅笔盒时,有了更为大胆的举动,她"终于站在火车上了……小心地朝车厢迈出了第一步",对香雪而言,这是具有非凡意义的一步,是她勇敢地向另一种文明跨出的实质性的一步。

香雪的精神和心理上的成长还在于她走下"火车"的那一瞬间。这个怕头发、怕晚上一个人到院子里去、怕毛毛虫、怕被人胳肢的小姑娘,不顾车上人的劝说最终选择走下"火车"独自去面对陌生、无知和恐惧,独自走完三十里山路,此时的香雪内心已经发生了质的飞跃。

人,尤其是青年人,与自己身边的环境做斗争是一个基本的母题。"火车"的到来不仅促使了香雪的觉醒与成长,更让她看到了未来和希望,看到了走向外面世界的路径。香雪渴望的不仅仅是一个自动铅笔盒,还有铅笔盒背后的一种生命状态,因此,她会"打听北京的大学要不要台儿沟人"。在用鸡蛋换了铅笔盒之后,她想到的解释的理由也是"这是一个宝盒子,谁用上它,就能一切顺心如意,就能上大学、坐上火车到处跑,就能要什么有什么,就再也不会被人盘问她们每天吃几顿饭了",其中蕴含着她对外面的世界、对大学、对一种新的文明形态发自内心的真实的渴望。

她甚至想到了整个台儿沟的未来,"那时台儿沟的姑娘不再央求别人,也用不着回答人家的再三盘问。火车上的漂亮小伙子都会求上门来,火车也会停得久一些,也许三分、四分,也许十分、八分……",这是她渴望的生存环境,她憧憬的生命状态,而这一切都源自"火车"在这里停留的这一分钟。正如铁凝谈到这篇小说时所说:"一列列火车从山外奔来,使她们不再安于父辈那种坐在街口发愣的困窘生活,使他们不再甘心把自己的青春默默隐藏在大山的皱褶里。为了新的追求,她们付诸行动,带着坚强和热情、纯朴和泼辣、温柔和大胆,带着大山赋予的一切美德,勇敢、执着地向新生活迈进,一往情深。"①

三、寄寓了作者对现实浪漫化的解读

这篇小说创作于1982年,以改革开放初期城乡文明的碰撞、交流和融合作为大的背景,意在表达乡村逐步摆脱愚昧封闭、接纳现代文明过程中的痛苦和喜悦。

小说写到了两类不同的人群、两种不同的文明,本来它们之间很难存在交集,而作者通过"火车"巧妙地将它们联系在一起,并颇具浪漫性地把"火车"作为故事发展、不同文明交流和融合的特定场景。在作者的眼中,城市是文明的,乡村是淳朴的,二者处于一种友好的交流状态:在这辆"火车"上,"鸡蛋""红枣""核桃"和"发卡""手表""香皂""学生书包""铅笔盒"可以并存甚至交换;在这辆"火车"上,台儿沟的姑娘们可以围上"花色繁多的纱巾",穿上"能松能紧的尼龙袜",也可以穿起"花棉袄";在这辆"火车"上,"北京话"可以和这里的姑娘们友好地交流,甚至引起了凤娇对"爱情"的憧憬;在这辆"火车"上,有当香雪"红着脸告诉女学生,想用鸡蛋和她换铅笔盒时,女学生不知怎么的也红了脸。她一定要把铅笔盒送给香雪"的和谐;在这辆"火车"上,有香雪误上车之后,车上人真诚的帮助……作者着意强调在当时特定的时代背景下,乡村会表达出对城市文明的向往和热忱,而城市也会真诚地张开接纳的怀抱。

甚至在香雪走下"火车"独自面对三十里的山间夜路时,支撑她的也是将一根枯草的草茎插在小辫里来"避邪"的传统意识和手中作为现代文明载体的铅笔盒。这似乎都在表明,在当时城市与乡村的确处于一种"初次接触"的"美好"状态。然而,不管是从当时的社会现实去观察,还是站在今天的视角来回望,两

---

① 铁凝:《让生命有所附丽——关于〈哦,香雪〉》,《文学报》,1997年5月1日。

种文明在碰撞之初,并非如此融洽与和谐,它们融合的过程也远非这样简单。作者自己也承认小说中"有理想主义色彩,它确实有一种境界在里面。可能是达不到的境界"①。因此,与其将这一切视为一种对现实的书写,倒不如将其看作一种充满浪漫情怀的乐观想象更为合适,其中蕴含着作者对当时社会发展和城乡文明融合的美好期待。

---

① 铁凝、王尧:《文学应当有捍卫人类精神健康和内心真正高贵的能力》,《当代作家评论》,2003年第6期。

横看成岭侧成峰

——解读"套中人"形象的四重性

《套中人》[①]是俄国著名作家契诃夫的经典小说,"套中人"这一形象也因其个性鲜明而复杂成为文学史上的经典形象。从不同的角度来解读这一形象,可以读出不同的"套中人",他可笑、可恶、可怜、可思,可谓"横看成岭侧成峰"。

一、可笑的胆小鬼

小说中,别里科夫一出场给人的第一感觉便是胆小、可笑。

他有着可笑的外貌,"即使在顶晴朗的天气出门上街,也穿上套鞋,带着雨伞,而且一定穿着暖和的棉大衣""他的脸也好像蒙着一个套子,因为他老是把脸藏在竖起的衣领里面。他戴黑眼镜,穿绒衣,用棉花堵上耳朵"。他说着可笑的话语,无论是"每逢经当局批准,城里成立一个戏剧小组,或者阅览室,或者茶馆",还是"他的一个同事参加祈祷式去迟了,或者要是他听到流言,说是中学生顽皮闹事",他总要一个劲儿地说"千万别闹出什么乱子来啊"。他住着可笑的房间,他的"卧室挺小,活像一口箱子,床上挂着帐子""房里又热又闷,风推动关紧的门,炉子里嗡嗡地响"。他做着可笑的事情,他坐出租马车"总要叫马车夫支起车篷来""一上床睡觉,就拉过被子来蒙上脑袋""躺在被子底下战战兢兢";他面对一个促狭鬼画他的漫画时,"脸色发青""嘴唇发抖"地说"天下有多么歹毒的坏人";他看到科瓦连科和瓦连卡骑自行车而来,"脸色从发青变成发白,好像呆住了",认为这"完全不成体统""太可怕了"……

别里科夫可笑的背后是他内心的恐惧,可以说他什么都怕,他害怕别人的眼光,害怕别人的笑声,他害怕自己遇到的事情,甚至害怕别人做的本与他无关的事情,总怕闹出什么乱子。他总是"六神不安",他总会"通宵做噩梦",他总是

[①] 山东人民出版社2004年版高中《语文》第二册《套中人》。

"传来叹息声,不祥的叹息声"。

二、可恶的刽子手

让人费解的是,这样一个"老穿着雨鞋、拿着雨伞的"可笑的胆小鬼,却"凭他那种唉声叹气、他那种垂头丧气、他那苍白的小脸上的黑眼镜"降伏了周围的人,使得两个学生被减分,关禁闭,直至开除。更甚者,"(他)把整个中学辖制了足足十五年!可是光辖制中学算得了什么?全城都受他辖制呢!""在别里科夫这类人的影响下,在最近这十年到十五年间",全城的人变得什么事都怕,太太们星期六不敢办家庭戏剧晚会,教士们在斋期不敢吃荤、打牌,人们"不敢大声说话,不敢发信,不敢交朋友,不敢看书,不敢周济穷人,不敢教人念书写字……"

究竟原因何在?

一是,告密。文章借别里科夫或他人之口不止一次提到告密。科瓦连科称别里科夫是"告密的人""告密的家伙",别里科夫在和科瓦连科发生争吵时,自己也说要把他们谈话的内容"报告校长先生"。

二是,别里科夫是一个超越个体范畴的存在。如果说别里科夫告密的行径能够辖制整个中学,可以理解;但是,凭他一己之力辖制全城,显然讲不通。细读文本,我们会发现,别里科夫这一形象其实早已超越了个体的范畴,在当时有无数个"别里科夫"存在。文中不止一次提及:"在别里科夫这类人的影响下""眼下啊,像他们那样的人可真是多得不行!""确实,虽然我们埋葬了别里科夫,可是这种装在套子里的人,却还有许许多多,将来也还不知道会有多少呢!"

三是,当时病态的社会。大声说话、发信、交朋友、看书、周济穷人、教人念书写字,这些本是极普通的日常行为,人们却在"别里科夫们"的辖制下不敢去做。文中反复强调一个时间段——"过去的十年至十五年",那么,在过去的十年至十五年里到底发生了什么呢?1881年,沙皇亚历山大二世被刺身亡,继位的沙皇亚历山大三世加强了专制恐怖统治。此时,受欧洲进步文明潮流的影响,俄国也兴起变革之风。面对汹涌的变革浪潮,沙皇政府采取一切暴力手段进行镇压,禁锢人们的思想言论。《契诃夫传》中曾提道:"其(沙皇)目的就是千方百计铲除能够产生自由思想的一切条件……谁不肯屈从于这种精神僵化和抹煞个性的制度,那就毫不留情地予以清除掉。"①因此,全国警探密布,告密者横行。这篇小说创作于1898年。文中提到的过去的十年至十五年正是在影射沙皇亚历山大三世加强恐怖统治的十年至十五年,人们的思想被禁锢得比罐头还严密,毫无言论自由。

我们可以想象一下,在这样的一个"十年至十五年里",得有多少学生被开除,有多少人受到了"别里科夫们"的伤害。《契诃夫传》还提到了一个真实的例子,在契诃夫就读的塔甘罗格中学,四年级本来有四十二名学生,经过两年只剩下十六名了。用契诃夫的话说,学校"不是科学的殿堂,而是散发警察岗楼里那种酸臭味的教养院,人们稍许超出囚徒应有的水准,就被无情地惩罚,就被如同把油从水中排挤出去一样除掉"②。本应是思想解放最前沿的学校尚且如此,社会之病态可想而知。

站在时代的背景下,我们再去审视以别里科夫为代表的这类人,他们的言行、思想都与沙皇专制制度保持高度一致,他们已然成了自觉维护旧制度和旧思想的可恶的卫道士和刽子手。

三、可怜的牺牲品

像别里科夫这样一个坚守着旧制度、旧思想,成天将自己装在套子里的人,应该没有什么东西能够引起他的兴趣。然而,在小说中有一句话却颇耐人寻味——"他老是称赞过去,称赞那些从没存在过的东西"。他对过去称赞是因为"现实生活刺激他,惊吓他",是"替自己的胆怯、自己对现实的憎恶辩护",由此可见,别里科夫称赞的"过去"一定不是过去的十年至十五年,而应在十年至十五年之前。

卢梭曾说,现实的世界是有限度的,想象的世界是无涯际的。尽管文中没有直接提及别里科夫的过去,但是我们可以大胆地想象一下:他或许有一个美好的童年;他或许有过自己的理想,并曾经努力追求过;他或许曾经生活得非常

---

① 〔苏〕格·别尔德尼科夫著,陈玉增、邢淑华、傅韵秋译,高文风校:《契诃夫传》,黑龙江人民出版社,1988年,第17页。
② 〔苏〕格·别尔德尼科夫著,陈玉增、邢淑华、傅韵秋译,高文风校:《契诃夫传》,黑龙江人民出版社,1988年,第19页。

幸福,有自己的家人陪伴,做着自己喜欢的事情……其实,这并非主观的臆测和空想,契诃夫已经将别里科夫的遭遇隐藏于字里行间。文中描写别里科夫告密的行径时有这样一段文字:"随您怎么说,都由您……只是我得跟您预先声明一下:说不定有人偷听了我们的话;为了避免我们的谈话被人家误解,避免闹出什么乱子起见,我得把我们的谈话内容报告校长先生……把大意说明一下。我不能不这样做。"从常理而言,告密是为了邀功请赏,获得利益,或者是打击报复。别里科夫告密的目的却超出常理,他只是为了"避免我们的谈话被人家误解,避免闹出什么乱子起见"。他为什么怕别人误解呢?为什么怕闹出什么乱子?他一定被误解过,一定闹出过什么乱子,而且是很多次,也一定因此而被伤害过。"一朝被蛇咬,十年怕井绳",别里科夫告密只求自保,从"我不能不这样做"一句中,我们能清晰地感受到他的无奈,因此他才会怀着紧张的、恐惧的、谨慎的、急切的心情说出这样的话。

  对于这样一个整天担惊受怕、提心吊胆的人来说,或许只有死才是最好的结局,小说中对他死时状态的描写更加耐人寻味:"这时候他躺在棺材里,神情温和、愉快,甚至高兴,仿佛暗自庆幸终于装进一个套子里,从此再也不必出来了似的。是啊,他的理想实现了!"曹文轩曾说,契诃夫的思想如同他的手术刀一样锋利,比所有的作家都锋利,锋利到能够轻而易举地穿透你的身体,让你感到彻骨的寒意。的确是这样!人死了,反倒有了神采,温和、愉快甚至是高兴!死反倒成了理想的实现!这是何等的讽刺啊!我们可以想象,别里科夫活着的时候内心和灵魂是多么的绝望和孤独啊。

  曾经的别里科夫一定也拥有过无数美丽的梦想;然而,在多少次尝试,多少次碰壁,多少次被扼杀之后,他开始变得谨小慎微,开始把自己装进套子里。四十年来,他一层一层地把自己包裹起来,这是一种何等的痛苦与无奈。在无人知晓的寒冷深夜,蜷缩在套中的别里科夫一定也有过许多泪水和挣扎,直到最后一滴眼泪流干,成为一个"干枯"的人,再也没有了血性,没有了情感,没有了欢笑,没有了生活乐趣,没有了灵魂,连最动人的爱情也无法将他滋润。于是,他成了装在套子里的人,成了一个社会的傀儡,成了一个时代的符号。我们应该感受到别里科夫灵魂最深处的疼痛与震颤!

  可见,别里科夫又是当时病态社会下的可怜的受害者和牺牲品。这一切的根源就是沙皇的专制统治,正是沙皇统治的病态社会才导致了人性的多重性、灵魂的畸形扭曲,使得很多人成为别里科夫一样的可笑、可恶、可怜的肉体和灵魂上的囚徒。

四、可思的"套中人"

每部作品都是有温度的,每个形象都是有灵魂的,契诃夫塑造别里科夫这样一个具有多重性的形象的用意何在?小说的目的一定不仅仅是把罪恶和丑陋展现给我们看,更重要的是渴望寻求一种消除丑陋和罪恶的路径。因此,契诃夫刻画这样一个人物不仅仅是为了批判沙皇的专制统治,更是在寻求一种突围的方法。

小说中还写到了一个始终伴随别里科夫存在并见证了他的一生的群体——"我们"。"我们……是有思想的、极其正派的人,受过屠格涅夫和谢德林的教育"。屠格涅夫、谢德林都反对专制统治,都有着进步的思想。小说中一个着墨不多的人物伊万·伊万内奇对"我们"这类人有一段饱含深意的评价:"是啊,有思想的正派人,既读屠格涅夫,又读谢德林,还读勃克尔等等,可是他们却屈服,容忍这种事……问题就在这儿了。""问题就在这儿",到底什么的问题就在这儿?是思想的问题,正是由于人们保守的思想才使得越来越多的人成为"套中人";是人性的问题,虽然"我们"受过先进的教育,但是人性的软弱使得这些人不敢去反抗沙皇的专制统治,甘愿屈服和容忍;是社会的问题,"我们"的屈服和忍受正是沙皇专制统治得以维系、当时的社会充满病态而停滞不前的根源。

"我们"接受过先进的思想,是一种新生力量的代表,本应选择战斗,却选择了沉默和屈服。从这个角度来讲,"我们"又何尝不是"套中人"呢?课文是对原作的节选,在被删去的部分中,契诃夫借伊万·伊万内奇之口有更清晰的表述:"我们住在城里,空气污浊,十分拥挤,写些无聊的文章,玩'文特',这一切岂不就是套子吗?至于在懒汉、爱打官司的人、无所事事的蠢女人中间消磨我们的一生,自己说而且听人家说各式各样的废话,这岂不也是套子吗?"[①]"套中人"不仅仅是指别里科夫,他指向了所有在当时的专制统治下选择了沉默和屈服的

---

① 《契诃夫短篇小说选》,人民文学出版社,1992年,第610页。

人。契诃夫意在借助这一形象唤醒当时的人们:"不成,不能再照这样生活下去了!"①这才是契诃夫最深沉的思索、最热切的渴望、最焦急的呼喊。契诃夫希望见到的、渴望去描写的是人们"怎样从身上一滴一滴地挤出奴性,怎样终于有一天苏醒过来,感到在自己血管中流动的不是奴性的血液,而是真正的人的血液"②。这才是作者写作的真正目的所在。

"套中人"是一个耐人揣摩的形象,寄寓了作者的深意,呼唤人们警醒,引发我们深思。契诃夫希望借自己的作品,借对"套中人"的批判和反思,借对这个社会的批判和反思,唤醒一群人,唤醒他们沉睡的人性和斗志,唤醒他们畸形的灵魂,唤醒整个病态的社会,从而找寻一把打开"囚笼"的钥匙。

契诃夫在"套中人"这个形象身上寄寓了太多太多。"套中人"身上蕴含着作者由表层到深层、由现象到本质、由个体到群体、由对个人命运讲述到对社会根源关照的深刻的思考,折射出了契诃夫孤独而又伟大的灵魂。契诃夫一直用他那双忧郁而深邃的眼睛在无尽的黑暗里、在无边的迷途中找寻一条通往自由的路径,正如文中所说,"啊,自由啊,自由!只要有一点点自由的影子,只要有可以享受自由的一线希望,人的灵魂就会长出翅膀来"。

---

① 《契诃夫短篇小说选》,人民文学出版社,1992 年,第 610 页。
② 〔苏〕格·别尔德尼科夫著,陈玉增、邢淑华、傅韵秋译,高文风校:《契诃夫传》,黑龙江人民出版社,1988 年,第 44 页。

丢失了"灵魂"的《装在套子里的人》

契诃夫的经典名篇《装在套子里的人》多次被选入不同版本的教材,统编版高中语文教材必修下册第六单元再次选入这篇小说。课文在原作的基础上进行了删改,删改后的文章主要保留了别里科夫和科瓦连科、华连卡之间的三个故事,人物关系清晰,情节连贯紧凑。然而,有三处删减却值得商榷。

一、被弱化了批判性的"套中人"

原作:过了一个月,别里科夫死了。我们都去送葬——那就是说,所有中学校和神学校的人,都去了。这时候他躺在棺材里,神情温和、愉快,甚至高兴,仿佛暗自庆幸终于装进一个套子里,从此再也不必出来了似的。是啊,他的理想实现了![1]

课文:过了一个月,别里科夫死了。我们都去送葬。

本文的学习提示中有这样一段表述:"别里科夫因循守旧,畏首畏尾,惧怕变革,极力维护现行的秩序,是一只被'套子'箍住了手脚和思想的可怜虫,'套中人'从而成了保守、僵化和奴性的代名词。阅读时要注意把握别里科夫的性格特征,分析其成因,体会这一形象的社会批判意义。"由此可见,教材选取这篇小说意在引导我们把握人物的典型特征,进而体悟人物身上蕴含的社会批判意义。

被删去的文字描写了别里科夫死时令人匪夷所思的神态。面对死亡,人们往往感到恐惧,别里科夫却恰恰相反,人死了反而有了神采,"神情温和、愉快,甚至高兴",死反倒成了一种庆幸,成了理想的实现。这种悖论之下的无奈和荒诞,强化的是一种讽刺的力量。契诃夫意在用自己辛辣的文字刻画一个畸形的

---

[1] 《契诃夫短篇小说选》,中国青年出版社,1955年,第198页。

灵魂,并剖析这个畸形灵魂背后病态的社会。

留白的艺术让我们感受到契诃夫笔法的精到,激发了我们无限的想象。虽然别里科夫有如此异常的表现是"现实生活刺激他,惊吓他"的结果,但是契诃夫却不刻意去写他在现实中遭遇的种种磨难和不幸;虽然别里科夫"老是歌颂过去",契诃夫对他的过去却不着一字。尽管如此,当我们看到这段文字、想到别里科夫死时的神情时,他活着时经历的苦难和伤痛便清晰地展现在我们眼前,他内心和灵魂的孤独与绝望便明了地浮现在我们的脑海。被删去的文字背后蜷缩着一个被抹杀了个性、被禁锢了思想、被剥夺了灵魂的时代的牺牲品和受害者。更重要的是,我们透过这段描写,透过别里科夫千疮百孔的肉体和灵魂,透过他的孤独绝望、痛苦无奈,透过他的血泪挣扎,看到了一个使得一个个活生生的人被碾压了血肉和灵魂而成为精神干瘪的行尸走肉、牵制他人的傀儡符号的病态社会。寄托在人物身上、蕴含在作品之中的对人的奴性的批判,对社会黑暗的控诉,便清晰可见了。

二、被忽视的了不起的"小人物"

小说借中学教师布尔金(即文中的"我")同兽医伊凡·伊凡尼奇的谈话叙述别里科夫的故事。课文主要保留了布尔金的语言,有关伊凡·伊凡尼奇的描写都被删去。小说对伊凡·伊凡尼奇着墨不多,初读文本他好像是一个微不足道的"小人物",然而仔细揣摩,他并不是一个可有可无的形象,而是契诃夫着意塑造的点睛人物。契诃夫借伊凡·伊凡尼奇之口来表达自己对当时思想的弊病、人性的软弱、社会的病态的剖析。

原作中有一处对伊凡·伊凡尼奇的描写,蕴含着契诃夫深刻的思考,不应该被删去。

伊凡·伊凡尼奇想说点什么,嗽了嗽喉咙,可是他先点燃烟斗,瞧了瞧月亮,然后才一板一眼地讲起来:

"是啊,有思想的正派人,既读过屠格涅夫,又读过谢德林,还读勃克尔等等,可是他们仍旧会低声下气,容忍这种事。……的确有这样的事情。"[①]

---

① 《契诃夫短篇小说选》,中国青年出版社,1955年,第188页。

这段文字是当布尔金提到包括"我们"在内的全城人都受别里科夫这类人辖制时,伊凡·伊凡尼奇做出的反应。这段评论极具力度,字里行间充满了对"我们"这些受过屠格涅夫、谢德林、勃克尔陶冶的"有思想的正派人"的反思和批判,也让我们意识到在当时的社会中"套中人"不是一个个体的范畴,而是一个群体的存在。

课文节选自汝龙先生较早的译本,在他后来的译本中,对这段文字的翻译更加能够表现契诃夫真实的写作意图。

是啊,有思想的正派人,既读屠格涅夫,又读谢德林,还读勃克尔等等,可是他们却屈服,容忍这种事……问题就在这儿了。[1]

"问题就在这儿了",到底什么的问题就在这儿?伊凡·伊凡尼奇欲言又止的思考,一针见血地指出了当时社会的症结所在:受过先进的教育、代表着进步的思想、本应起来反抗的群体,最终却选择了屈服和容忍。契诃夫的笔触不仅指向了别里科夫,而且指向了在当时的专制统治下所有选择了沉默和屈服的人,批判他们的行为,叩问他们的灵魂。

如果说在《装在套子里的人》中伊凡·伊凡尼奇是故事的倾听者和旁观者,表达的是对人性和社会的定位和反思的话,在其姊妹篇《醋栗》中,契诃夫则让他以亲历者和讲述者的身份再度登场,洞悉社会。面对麻木的人性、畸形的灵魂、病态的时代,他振臂高呼,发出了反抗的宣言。当提到自己的弟弟唯一的愿望就是能有一个种着醋栗的小庄园并在其中过一辈子时,伊凡·伊凡尼奇愤慨地说道:

"退出城外,退出斗争,退出热闹的生活,隐居起来,藏在自己的庄园里——这算不得生活,这是自私自利,偷懒,这是一种修道主义,可又是不见成绩的修道主义。人所需要的不是三俄尺土地,也不是一个庄园,而是整个地球,整个大自然,在那广大的天地中人才能够尽情发挥他的自由精神的所有品质和特点。"[2]

他深刻地批判了这种为追求平庸的"幸福"、抛弃原有的善良、变得狭陋冷酷的行径。看到人们追求这种所谓的"幸福",他"竟生出一种跟绝望相近的沉

---

[1] 《契诃夫短篇小说选》,人民文学出版社,1992年,第601页。
[2] 《契诃夫短篇小说选》,中国青年出版社,1955年,第206页。

重感觉"①,他悲叹于"一个城市的五万居民当中竟没有一个人叫喊一声,也没有一个人大声发泄一下他的愤慨"②。他一针见血地指出了庸俗、安逸对人的灵魂的腐蚀,呼吁人们去反抗、斗争,去做有意义的事,去追求一种生活中和思想上的自由。他是一个清醒的反抗者,他看清了"套中人"行为背后的时代弊病和社会本质。他的这种反抗已经升华为一种文化对另一种文化、一种思想对另一种思想的反抗。他又是一个孤独的反抗者,他的孤独在于当他站在人性和时代的高度清醒地看到了一个个畸形的灵魂产生的根源而大声疾呼时,却无人回应。他在很大程度上是契诃夫的"代言人"。

三、被矮化了的契诃夫的深刻寄寓

原作:我们要老实说:埋葬别里科夫那样的人是一件大快人心的事。我们从墓园回去的时候,露出忧郁和谦虚的脸相;谁也不肯露出快活的感情——像那样的感情,我们很久很久以前做小孩子的时候,遇到大人不在家,我们到花园里去跑一两个钟头,享受完全的自由的时候,才经历过。啊,自由啊,自由!只要有一点点自由的影子,只要有可以享受自由的一线希望,人的灵魂就会长出翅膀来。③

课文:我们要老实说:埋葬别里科夫那样的人,是一件大快人心的事。我们从墓园回去的时候,露出忧郁和谦虚的脸相;谁也不肯露出快活的感情。——像那样的感情,我们很久很久以前做小孩子的时候,遇到大人不在家,我们到花园里去跑一两个钟头,享受完全自由的时候,才经历过。

本单元的开篇语中也提到"学习本单元,要注意知人论世,在人物与社会环境共生、互动的关系中认识人物性格的形成和发展,关注作品的社会批判性"。然而仔细读来,这篇小说最根本的落脚点不是批判,而是希冀,是唤醒。

契诃夫写作这篇小说的目的不仅仅是把病态、畸形、罪恶、丑陋展现给我们看,更重要的是渴望寻求一种消除这些弊病的路径,找到一种突围的方法。因

---

① 《契诃夫短篇小说选》,中国青年出版社,1955年,第211页。
② 《契诃夫短篇小说选》,中国青年出版社,1955年,第211页。
③ 《契诃夫短篇小说选》,中国青年出版社,1955年,第199页。

此,他借伊凡·伊凡尼奇之口发出了时代的呼唤:

"不成,不能再照这样生活下去!"①

契诃夫希望借自己的文字,借对"套中人"以及整个社会的批判和反思,唤醒一群人,唤醒他们沉睡的人性、萎靡的斗志、麻木的思想,唤醒他们畸形的灵魂,唤醒整个病态的社会,从而找到一把打开人性的、思想的、精神的、时代的、社会的囚笼的钥匙。

啊,自由啊,自由!只要有一点点自由的影子,只要有可以享受自由的一线希望,人的灵魂就会长出翅膀来。

这段文字是小说的精髓所在、温度所在、灵魂所在。它寄寓了契诃夫对灵魂堕落和时代弊病最焦急的呼喊,对人性软弱和社会病态最深沉的思考,对思想觉醒和反抗精神最热切的渴望。契诃夫希望每个人都能看到通往自由的那一线希望,并为之去奋力追求、勇敢战斗。他希望人的灵魂会因此而长出翅膀。

---

① 《契诃夫短篇小说选》,中国青年出版社,1955年,第201页。

《雷雨(节选)》中耐人寻味的称呼变化

　　统编版高中语文教材必修下册课文《雷雨(节选)》主要围绕周朴园和鲁侍萍的爱情纠葛、周朴园与鲁大海的阶级斗争展开,矛盾张弛有度,人物形象鲜明。在周朴园和鲁侍萍的矛盾冲突中,两人对话时的称呼发生了多次变化,变化背后的意蕴值得我们深思。

一、"我""我们":在场与逃离背后的矛盾个体

周朴园在认出鲁侍萍前向她探寻三十年前的事情时,一开始用"我":

周朴园　我问过许多那个时候到过无锡的人,我想打听打听。可是那个时候在无锡的人,到现在不是老了就是死了。活着的多半是不知道的,或者忘了。

周朴园　我派人到无锡打听过。——不过也许凑巧你会知道。三十年前在无锡有一家姓梅的。

　　周朴园多次用"我"意在强调自己是打听侍萍消息这一行为的发出者,突出在这件事情上自己始终是"在场"的。与其说这些话是周朴园说给眼前这个女人听的,倒不如说是他说给自己听的。他并不是真的想探寻侍萍的消息,仅仅是借此寻求一种心理上的安慰。因此,在侍萍提到"老爷,您想见一见她吗"时,周朴园连用两个"不"字毫不犹豫地拒绝了。

　　周朴园用"我"字的潜在前提是在他的认知中侍萍已经死了,而且很少人记得那段往事了。他对眼前的这个女人能知道三十年前的往事没有抱多大希望,因此才会说"不过也许凑巧你会知道","也许""凑巧"实际上已经说明周朴园在主观上认为她不会知道这件事。尤其是听到侍萍的回应是"也许记得的""许久不通音信",他便毫无顾忌地直言自己打听过侍萍的消息。

　　随着对话的深入,周朴园发现眼前这个女人对那段往事知道得非常清楚,

因此他急忙改"我"为"我们"：

周朴园　这个人跟我们有点亲戚。

周朴园　嗯，——我们想把她的坟墓修一修。

害怕曾经的丑事败露，是埋藏在周朴园心底永远的痛。改用"我们"是因为他有了警惕之心，他的言行有非常清晰的体现，当听到眼前的女人说到"侍萍"的名字时，他"抬起头来"问"你姓什么"，足见他的吃惊和怀疑；当知道对方姓鲁时，他才"喘出一口气"，紧张的情绪稍稍缓解。但是后面的对话中，他不再强调自己的行为，他反复用"我们"是要努力从"在场"的状态中逃离出来，刻意疏远自己和那个三十年前投水的侍萍的关系。

当听说侍萍还活着的时候，周朴园对自己的称呼再次从"我们"变为"我"：

鲁侍萍　这个人现在还活着。

周朴园　（惊愕）什么？

鲁侍萍　她没有死。

周朴园　她还在？不会吧？我看见她河边上的衣服，里面有她的绝命书。

此处的"我"字体现了曹禺先生高超的用词艺术。在周朴园的概念中，侍萍已经死去确定无疑。此时却有人坚定地告诉他"这个人现在还活着"，他内心的惊愕不言而喻，他才会反复确认："什么？""她还在？""不会吧？"在如此震惊之时，他也无暇再去措辞与掩饰，"我看见她河边上的衣服，里面有她的绝命书"中的这个"我"字是他脱口而出的，是他惊慌失措的心理最真实的体现。

周朴园在和鲁侍萍相认前的对话中表现得非常挣扎，"我"和"我们"变换使用所建构的他与侍萍忽远忽近的关系，是其自身矛盾性的清晰体现。

二、"侍萍""你"：情感与利益冲突下的复杂人性

在周、鲁二人的矛盾冲突中，周朴园对鲁侍萍的称呼也发生过变化。

周朴园　哦，侍萍！（低声）怎么，是你？

鲁侍萍　你自然想不到，侍萍的相貌有一天也会老得连你都不认识了。

周朴园　你——侍萍？（不觉地望望柜上的相片，又望侍萍）

鲁侍萍　朴园，你找侍萍吗？侍萍在这儿。

周朴园　（忽然严厉地）你来干什么？

周朴园认出侍萍的那一刻用的称呼是"侍萍",因为他还沉浸在对往事的怀想和因为自己"做了一件于心不忍的事"导致现在的侍萍老得连他都不认识的愧疚中。然而他的态度马上发生了转变,从富含温情的"侍萍"变为冰冷的"你",这一转变是"忽然"的,转变后口吻是"严厉"的。称呼变化蕴含着三重转变:一是时间层面,从回忆回到现实;二是自身定位层面,周朴园从侍萍的旧情人的身份转为董事长、周家老爷;三是关系焦点层面,从感情的表达转为利益的权衡。

周朴园用"你"字和侍萍对话时满是对侍萍的猜疑和诋毁:

周朴园　谁指使你来的?

周朴园　(冷冷地)三十年的工夫你还是找到这儿来了。

周朴园　你可以冷静点。现在你我都是有子女的人。如果你觉得心里有委屈,这么大年纪,我们先可以不必哭哭啼啼的。

周朴园　话很多。我看你的性情好像没有大改,——鲁贵像是个很不老实的人。

他认为侍萍的到来是别有目的的,言语之间透露着自私和冷漠。然而,在后面的对话中,周朴园又一反常态两次用到"侍萍"这一称呼。第一处是在他给侍萍支票,侍萍将支票撕碎的时候:

周朴园　(由衣内取出皮夹的支票签好)很好,这是一张五千块钱的支票,你可以先拿去用。算是弥补我一点罪过。

鲁侍萍　(接过支票)谢谢你。(慢慢撕碎支票)

周朴园　侍萍。

第二处是鲁大海在外面吵闹,周朴园让鲁大海进来的时候:

周朴园　(向侍萍)侍萍,你不要太固执。这一点钱你不收下,将来你会后悔的。

周朴园在这两个时间节点再次称"侍萍",有其特定的目的。用钱来平息他与别人的冲突是周朴园一贯的做法,后文鲁大海知道和他同来的三个人都在复工的合同上签了字之后,就曾说过"你们的钱这次又灵了"。然而,这屡试不爽的招数,对侍萍竟然不灵了,他害怕侍萍别有目的,更害怕侍萍会把之前的丑事都抖搂出来。加之,鲁大海马上就要登场了。周朴园明白自己和鲁大海有着超越个人的更为尖锐的矛盾,鲁大海又是侍萍内心中非常脆弱的一环。他害怕因

105

为鲁大海的关系,侍萍的情绪会失控,因此他不得不转变自己的态度,重新打起感情牌,以此来稳住侍萍。

对侍萍的称呼变化表现出了周朴园复杂的人性,他既有留恋旧情的一面,也有自私冷酷的一面,还有伪善狡猾的一面。

三、"老爷""朴园""你":传统思想与觉醒意识的交织

鲁侍萍对周朴园的称呼在相认之前一直称"老爷",相认之初称"朴园",在之后的对话中则称"你"。她称呼变化最直接的原因是周、鲁二人矛盾冲突的缓急所导致的情感的变化。

当侍萍再一次面对周朴园并称他是"老爷"时,她的内心是矛盾挣扎、五味杂陈的。理智告诉她,周朴园是个伪善的资本家;可情感告诉她,站在对面的是她三十年前刻骨铭心的恋人。因此,她一次次寻求和周朴园交流的话题以此来提醒和暗示周朴园:

说不定,也许记得的。

虽然许久不通音信,托他们打听点事情总还可以的。

老爷,您想见一见她吗?

老爷想帮一帮她吗?

老爷,没有事了?(望着朴园,眼泪要涌出)老爷,您那雨衣,我怎么说?

当周朴园对她的身份产生怀疑时,她又一次次否认。周朴园两次询问她的身份,她的回答是"我姓鲁,老爷""我是这儿四凤的妈,老爷"。然而,最终还是情感战胜了理性,当她详细说出周朴园衬衣件数及特点时,实际上她已经承认了自己侍萍的身份。

当周朴园脱口而出叫出她的名字时,她第一次也是唯一一次说出"朴园"二字:"朴园,你找侍萍吗?侍萍在这儿。"这是侍萍的真情流露,她的情感在这一刻到达了顶峰,"朴园"二字里面饱含着曾经美好的经历、刻骨铭心的伤痛、三十年来的辛酸苦楚。

当周朴园严厉地质问她"你来干什么"时,侍萍内心的希望彻底破灭,她的情感,她心中定义的两人之间的关系在瞬间出现了断崖式的变化。她改称周朴园为"你",三十年的悲愤也随之喷薄而出。

从更深的维度来理解,称呼变化是侍萍精神世界的折射。侍萍是一个兼具传统观念和反抗精神的个体,他一开始称周朴园"老爷",是因为她的思想中还存有传统的阶级意识。她在和周朴园对话时,一直将自己定位为曾经的女佣或者现在的女佣四凤的母亲。她为了孩子两次再嫁时,找的都是身份地位与自身相等的人。在对话中,她情绪的波动是依附于周朴园情绪的变化的,当周朴园称她"侍萍"时,尽管经受了三十年的苦难,她仍动情地回应"朴园"。这里面有侍萍对感情珍视的因素,更重要的是男权思想深深影响着她。她并没有把自己悲剧的根源归结于眼前这个男人,而是归咎于"不公平的命"。

鲁侍萍又是具有反抗精神的,三十年前死而复生的经历让她有了思想上的觉醒。因此,尽管经历诸多不幸,她却没有回头找周朴园要钱,在周朴园给她支票时,她也当场撕毁,可见她努力争取自我的独立。特别是在她再次看到周朴园的丑恶嘴脸之后,她直称周朴园为"你",宣泄自己的情感,控诉周朴园的无情,表达自己对周朴园行径的失望和蔑视。这是她在以社会底层女性特有的坚毅寻求一个和周朴园平等对话的机会,是她自我意识的觉醒。当然,我们也应该意识到她的身上存在着人性的盲目、性格的缺陷和反抗意识的狭隘,她的觉醒也只能被定义为被束缚的觉醒。

身份的转换与叠加:周朴园形象的多重性和悲剧性

曹禺先生认为,写戏主要是写"人",用心思就是用在如何刻画人物这个问题上。(《看话剧〈丹心谱〉》)他的话剧非常注重圆形人物的塑造,避免人物的脸谱化和扁平化。《雷雨》中的周朴园就是一个立体多面的人物,极具多重性和悲剧性,其多重性和悲剧性源自他不同身份的转化与叠加。这一点在统编版高中语文教材必修下册《雷雨(节选)》中便有非常明晰的体现。

节选部分出场的人物有周朴园、鲁侍萍、鲁大海、周萍和周冲。周朴园与这些人物有着复杂的关系,这也导致了其身份的多重性。

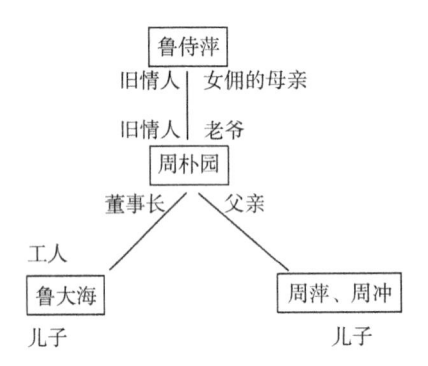

```
              ┌─────┐
              │鲁侍萍│
              └─────┘
         旧情人 │ 女佣的母亲
         旧情人 │ 老爷
              ┌─────┐
              │周朴园│
              └─────┘
          董事长 ╱  ╲ 父亲
         工人  ╱    ╲
       ┌─────┐    ┌───────┐
       │鲁大海│    │周萍、周冲│
       └─────┘    └───────┘
         儿子         儿子
```

周朴园是鲁侍萍的旧情人,是鲁大海、周萍、周冲的父亲,更是周家的老爷、有钱有势的董事长。在很多时候,对于鲁侍萍和鲁大海而言,周朴园是双重身份的叠加。

一、剖析身份转换导致的人物的多重性

曹禺先生正是借助对周朴园多样身份的设定来刻画其性格的多重性的。在周朴园和鲁侍萍的矛盾冲突中,周朴园认出侍萍前后便有身份的转换,在认出侍萍之前他更多的是以侍萍曾经的情人的身份来探寻她的消息,在认出侍萍

后则更多的是站在周家的老爷和董事长的立场上和侍萍对话。这也导致了他对侍萍前后态度的巨大差异。曹禺先生通过精到的语言、舞台说明以及潜台词将这种变化表现得淋漓尽致。

周朴园说"无锡是个好地方",是因为三十年前他和侍萍在无锡有过一段美好的回忆,他"沉思""沉吟"是对青春往事的怀想。他称侍萍是"一个年轻小姐,很贤惠,也很规矩",虽然有掩饰的意味,但是从字里行间能感受到他对曾经的侍萍是充满好感的。他和侍萍接下来的对话更耐人寻味：

鲁侍萍　这个梅姑娘倒是有一天晚上跳的河,可是不是一个,她手里抱着一个刚生下三天的男孩。听人说她生前是不规矩的。

周朴园　(苦痛)哦!

鲁侍萍　她是个下等人,不很守本分的。听说她跟那时周公馆的少爷有点不清白,生了两个儿子。生了第二个,才过三天,忽然周少爷不要她了。大孩子就放在周公馆,刚生的孩子她抱在怀里,在年三十夜里投河死的。

周朴园　(汗涔涔地)哦。

听了侍萍的话,周朴园只回应了两个"哦"。第一个"哦",表现出周朴园听到侍萍跳河的细节后,内心美好的回忆瞬间被击碎的苦痛;周朴园在说第二个"哦"字时是"汗涔涔"的,是因为他想到自己"做了一件于心不忍的事"后,满是愧疚和痛心。这一身份下的周朴园还是保有一丝良知的。

周朴园对侍萍是否有真感情,是一个一直被讨论的话题。从上面提到的周朴园的表现以及他要把侍萍的坟修一修、保留着侍萍顶喜欢的家具、坚持着侍萍的习惯等行为来看,他对侍萍是有感情的,不过这种感情是他对那个记忆中的、已经死去的侍萍的感情。

当得知眼前的女人就是侍萍时,周朴园的言行顿时有了一百八十度的转变：

周朴园　(忽然严厉地)你来干什么?

周朴园　谁指使你来的?

周朴园　(冷冷地)三十年的工夫你还是找到这儿来了。

周朴园　你可以冷静点。现在你我都是有子女的人。如果你觉得心里有委屈,这么大年纪,我们先可以不必哭哭啼啼的。

周朴园　从前的旧恩怨,过了几十年,又何必再提呢?

周朴园　那更好了。那么我们可以明明白白地谈一谈。

周朴园　话很多。我看你的性情好像没有大改,——鲁贵像是个很不老实的人。

此时的周朴园立刻从回忆回到了现实。他把自己和侍萍定位为"都是有子女的人",把他与侍萍的感情看成是"从前的旧恩怨",说明他已经从情人的身份中走出,回归到了老爷和董事长的角色,其本质是从情感向利益的转化。他严厉而冰冷的语言中充满了对侍萍的猜疑和诋毁,他认为侍萍的到来是受人指使的、是有不可告人的目的的、是为了来敲诈他的,还拐弯抹角地提醒侍萍不要让鲁贵知道之前的事情,以防自己的财产和名誉受损。这一切都是为了维护他"社会上的好人物"的身份,言语之间透露着自私、虚伪和冷漠。

周朴园还有另一重身份——父亲,作为父亲的周朴园又表现出了其人性的另一面。

周　萍　(忍不住)你是谁?敢在这儿胡说?

周朴园　萍儿!没有你的话。(低声向大海)你就这样相信你那同来的几个代表吗?

周朴园　对了,傻小子,没有经验只会胡喊是不成的。

周　萍　打他!

鲁大海　(向周萍高声)你,你!(正要骂,仆人们一起打大海。大海头流血。侍萍哭喊着护大海)

周朴园　(厉声)不要打人!

从周朴园的这几处言行可以看出,他面对自己三十年未见的儿子鲁大海还是有一个父亲的温情的。当周萍说鲁大海"胡说"并叫仆人打鲁大海时,周朴园都立刻制止。试想如果换作一个没有血缘关系的人揭他的老底,说出他最不愿提及的那些事情,他一定会采取比周萍更为冷酷的手段。在鲁大海痛斥他的做法是"卑鄙无赖的行为"时,周朴园仍能"低声"说"你就这样相信你那同来的几个代表吗",这不像是董事长与工人的谈判,更像是一个父亲对儿子的提醒。尤其是那句"傻小子,没有经验只会胡喊是不成的","傻小子"是一个多么亲昵的称呼,这更是他站在父亲的角度对犯了错、吃了亏的孩子的教育和规劝。

又如：

鲁侍萍　（泪满眼）我——我——我只要见见我的萍儿。

周朴园　你想见他？

鲁侍萍　嗯，他在哪儿？

周朴园　他现在在楼上陪着他的母亲看病。我叫他，他就可以下来见你。不过是——

鲁侍萍　不过是什么？

周朴园　他很大了。

鲁侍萍　（追忆）他大概是二十八了吧？我记得他比大海只大一岁。

周朴园　并且他以为他母亲早就死了的。

在侍萍提出要看看周萍时，周朴园是犹豫的，他犹豫的理由是周萍"很大了""并且他以为他母亲早就死了的"。周朴园的犹豫有怕曾经的事情败露之嫌，但是如果仅仅是怕事情败露，他完全可以不叫周萍下来。后文提到周萍从饭厅上看到有人想退回时，周朴园让周萍"不要走""站在这儿"，说明他还是希望侍萍与周萍母子相见的。因此，他的犹豫更多的是从周萍的角度考虑的，考虑已经长大成人的他是否能够接受这样的现实，目的是维护儿子的尊严。无怪乎有人向话剧《雷雨》中周朴园的扮演者顾威提问"你演周朴园，主要当他是封建家长，还是父亲呢"，他坚定地回答："父亲！"

二、探究身份叠加引发的命运的悲剧性

在《雷雨》中，周朴园大多数时候并不是以单一的身份出现的，而是多重身份的叠加。这也导致了他在个人情感和家庭伦理上的悲剧性。

周朴园　好得很，那么一切路费、用费，都归我担负。

周朴园　这于我的心也安一点。

周朴园　（由衣内取出皮夹的支票签好）很好，这一张五千块钱的支票，你可以先拿去用。算是弥补我一点罪过。

说这些话时，周朴园是鲁侍萍的旧情人和作为"社会上的好人物"的老爷、董事长双重身份的叠加。周朴园希望对侍萍有所弥补，在他递给侍萍五千块钱的支票时说"你可以先拿去用"，"先"字说明如果不够还可以再给，可见他确实

有意补偿自己对侍萍的亏欠,来寻求自己的心安。然而,问题在于他要弥补作为一个情人所犯下的错误,采用的却是老爷和董事长的逻辑和方式。这种身份上的错位必然导致他的悲剧性。当他看到侍萍将支票"慢慢撕碎"时,他的内心是崩溃的,因为这么多年来他已经习惯了用这种方式来解决问题。侍萍撕碎支票的同时,还撕碎了他最后的倚仗和尊严。他那句没有说完的"可是你——"极其耐人寻味。他到底要说什么呢?是"可是你不接受,我于心何安",还是"可是你不接受,我如何相信你'一生不至于再见'的话"?对于双重身份叠加的周朴园而言,充满愧意却又满腹狐疑,此刻的他是矛盾的,是挣扎的。

又如,当他和鲁侍萍谈及鲁大海的时候,他又必须面对自己董事长与父亲身份叠加的现实。

周朴园　（冷笑）这么说,我自己的骨肉在矿上鼓动罢工,反对我!
鲁侍萍　他跟你现在完完全全是两样的人。
周朴园　（沉静）他还是我的儿子。
鲁侍萍　你不要以为他还会认你作父亲。
周朴园　（忽然）好!痛痛快快的!你现在要多少钱吧?

这一双重身份的叠加,更是让周朴园陷入无尽的痛苦中。从他"冷笑"的举动以及特意要单独强调的"反对我"三个字可以看出,他知道自己的亲骨肉一直在反对自己的现实后的震惊与悲哀。"他还是我的儿子"是他故作镇静的、自欺欺人的辩解。身为工人代表的儿子与自己这个作为董事长的父亲永远无法相认、和解,这一点他心知肚明。"好!痛痛快快的!你现在要多少钱吧?"他在知道结果已然无法改变后,只能无奈地、绝望地转移话题,以掩盖自己内心的空虚和失落。

无论是在个人情感还是家庭伦理上,周朴园都是一个失败者。他在自认为"最圆满、最有秩序的家庭"中,顶着多种身份不断游走、挣扎。在多重身份叠加的重压下,他感受不到一丝的温暖与快乐,最终走入了悲剧命运的深渊。

谈谈《茶馆(节选)》中那些"招之即来,挥之即去"的人物

老舍先生在谈《茶馆》中的人物塑造时,提到了自己采取的四个方法:(一)主要人物自壮到老,贯穿全剧;(二)次要的人物父子相承,父子都由同一演员扮演;(三)设法使每个角色都说他们自己的事,可是又与时代发生关系;(四)无关紧要的人物一律招之即来,挥之即去,毫不客气。[①] 这些方法的运用使得话剧中的人物立体丰满,有着独特的个性特点,又承载着从不同层面反映社会现实的使命。

其中,"无关紧要的人物一律招之即来,挥之即去,毫不客气"颇值得我们寻味。老舍先生在《茶馆》中确实塑造了很多"招之即来,挥之即去"的人物,但是他们却并不是"无关紧要的人物",相反,往往是作品中的"点睛"人物。统编版高中语文教材选择性必修下节选的《茶馆》第一幕中的"老人"、"乡妇"、"小妞"以及"茶客"这一群体都是这样的人物。他们在揭示社会背景、激化矛盾冲突、营造作品意蕴等方面起着极其重要的作用。

我们将这些人物出场的相关情况统计如下:

人物	出场次数	说话次数	台词字数	出场时机
老人	1	1	23	多对矛盾冲突产生 人们在讨论张宅和李宅因为一只鸽子发生的冲突
乡妇 小妞	2	乡妇4 小妞3	乡妇22 小妞19	第一次:康六和刘麻子就买卖康顺子的问题交谈后;秦仲义和王利发因为房租产生冲突 第二次:黄胖子向庞太监道喜后;康六和康顺子再次登场之前
茶客	茶客甲2 茶客乙2 茶客丙1 茶客丁1 众1	茶客甲2 茶客乙1 茶客丙1 茶客丁2 众1	茶客甲9 茶客乙19 茶客丙53 茶客丁72 众2	茶客甲和茶客乙(第一次)、茶客丙、茶客丁:秦仲义和庞太监产生矛盾冲突后 众、吴祥子、宋恩子要带走常四爷和松二爷,松二爷请黄胖子求情,黄胖子不肯 茶客甲和茶客乙(第二次):落幕前

---

① 老舍:《答复有关〈茶馆〉的几个问题》,《剧本》,1958年第5期。

可见，这些人有着共同的特点：一是，他们会在一个需要他们的、合适的时机突然登场，即所谓"招之即来"；二是，他们往往不出现姓名，出场次数少，说话次数少，台词字数少，完成自己的"任务"后就立即退场，即所谓"挥之即去"。说他们"无关紧要"则是一种相对意义上的界定，实际上他们是老舍先生在特定时机引入的、具有特定身份并能够发挥特定作用的人物。

一、"老人"登场折射的时代背景

《茶馆》第一幕一开始便建构了多个人物间的矛盾冲突，二德子与常四爷、常四爷与马五爷、刘麻子和康六等等。在这些矛盾冲突相互交织将话剧推向一个高潮时，老舍先生却让一个卖"牙签、胡梳、耳挖勺之类的小东西"的、看似无足轻重的"老人"登场了。就整个的故事情节而言，"老人"是否出现不会有任何影响；而就艺术效果而言，却有天壤之别。"老人"的出现是一处闲笔，他登场后也仅有一处台词：

老　人　（喝了茶）多谢！八十二了，没人管！这年月呀，人还不如一只鸽子呢！唉！（慢慢走出去）

"老人"说完这些话之后便再也没有出现，真如老舍先生所说"招之即来，挥之即去"。然而，"老人"的登场却蕴含着老舍先生的匠心。

首先，"老人"的登场让人物之间激烈的矛盾冲突得以暂时缓和，使得戏剧的节奏更为跌宕起伏，张弛有度。更为重要的是，老舍先生想借"老人"之口来揭示当时的时代背景。"老人"的话中先后出现了两个"人"字，含义却截然不同："没人管"中的"人"指统治阶层；后一"人"指"老人"自己，指"康六"，指"康顺子"，指后文的"乡妇""小妞"，指所有生活在社会底层的人。老舍先生借"老人"口中的两个"人"字巧妙地引入了一对更为重要、更为深刻的矛盾，即底层人民和统治阶层的矛盾，揭露了当时的时代弊病。在当时的社会中，有人为了一只鸽子大动干戈，要到茶馆调节，要吃烂肉面说和；同一个茶馆内，有人却要为了生存将自己的亲生女儿卖给太监为妻。老舍先生安排"老人"出场就是为了借老人之口控诉生活在社会底层的人"还不如一只鸽子"的事实，表达底层人民无法改变现实的无奈。

安排这样一个"老人"突然登场，还有一方面的原因，就身份而言，在已经出场的人物中,无论是唐铁嘴、善扑营的打手二德子、人贩子刘麻子,还是茶馆掌柜王利发、茶房李三、满清旗人常四爷和松二爷,说出"老人"口中的话都是不合适的。或许还有人会说让康六来控诉这个社会不是很合理吗?当时的康六正因迫于生计要把自己的女儿卖给一个太监而痛苦不已,他自顾不暇,哪有心情去打听、评论别人的闲事?因此,老舍先生便安排他早早下场了。此外,"老人"较康六还有一个优势就是年龄大,老人的台词如果改为"多谢!这年月呀,没人管!人还不如一只鸽子呢!唉!",不会影响意思的表达,但是"老人"登场的价值便打了折扣。老舍先生在为"老人"设定的仅有23个字的台词中首先强调了他的年龄是"八十二",这是因为从一个饱经沧桑的老人口中道出民众的疾苦、社会的黑暗,更能让我们体会到当时的社会背景下底层人民生的希望与活的意义是如何被时代的腐朽一点点磨灭耗尽的,更具说服力和感染力。

老舍先生曾说"一个大茶馆就是一个小社会"[①],在第一幕中,他将整个社会浓缩在一个维新运动失败、政治黑暗、国弱民贫背景下的茶馆中,让形形色色的"人"聚集于此,呈现在我们眼前的是农民卖女、太监娶妻、乡妇卖幼女、有良知的人因一句话便锒铛入狱……不同阶层的人轮番登场,老舍先生意在"把他们集合到一个茶馆里,用他们生活上的变迁反映社会的变迁""侧面地透露出一些政治消息"[②],用他们的言行来展现社会的黑暗和时代的不幸。

二、"乡妇""小妞"引发的矛盾冲突

"乡妇"和"小妞"先后两次登场,第一次是在秦仲义和王利发因为涨房租问题产生冲突时;第二次是黄胖子向要"安份儿家"的庞太监道喜之后、康六和康顺子登场之前。二人两度登场,台词仅有41个字,却起到了极为重要的作用。

老舍先生安排"乡妇"和"小妞"第一次登场首先是为了引起秦仲义和常四爷的矛盾冲突,两人矛盾冲突的焦点是对待母女二人截然不同的态度:

秦仲义 (对王利发)轰出去!
常四爷 李三,要两个烂肉面,带她们到门外吃去!

---

① 老舍:《答复有关〈茶馆〉的几个问题》,《剧本》,1958年第5期。
② 老舍:《答复有关〈茶馆〉的几个问题》,《剧本》,1958年第5期。

初读此处，秦仲义的那句"轰出去"会让我们感觉不舒服，因为秦仲义本质上是一个关心穷人、心系国家的人，他有着救民于水火、救国于危亡的理想。此时的他对待眼前的穷人却是如此的蛮横无理，显然有些不可思议。然而，这却正是老舍先生匠心独运之处。老舍先生为"乡妇"和"小妞"设定了一个非常特殊的"招之即来"的时机：

秦仲义　小王，这儿的房租是不是得往上提那么一提呢？当年你爸爸给我的那点租钱，还不够我喝茶用的呢！

王利发　二爷，您说得对，太对了！可是，这点小事用不着您分心，您派管事的来一趟，我跟他商量，该长多少租钱，我一定照办！是！嗻！

秦仲义　你这小子，比你爸爸还滑！哼，等着吧，早晚我把房子收回去！

王利发　您甭吓唬着我玩，我知道您多么照应我，心疼我，决不会叫我挑着大茶壶，到街上卖热茶去！

秦仲义　你等着瞧吧！

乡妇拉着个十来岁的小妞进来。小妞的头上插着一根草标。李三本想不许她们往前走，可是心中一难过，没管。她们俩慢慢地往里走。茶客们忽然都停止说笑，看着她们。

小　妞　（走到屋子中间，立住）妈，我饿！我饿！

乡妇呆视着小妞，忽然腿一软，坐在地上，掩面低泣。

"乡妇"和"小妞"登场时，秦仲义正因为房租的问题和王利发争得不可开交，那句"你等着瞧吧！"足以说明他现在对王利发是有些恼怒和生气的。这种情况下的秦仲义要将两人"轰出去"，很大程度上是他将对王利发的怒气转移到了两人身上，是特定情形下特定的言行。

老舍先生设置这一特定的情境是为了使常四爷和秦仲义的行为对比更为鲜明，从而更清晰地揭示出两人矛盾的实质是不同阶层、不同思想的冲突，即传统意义上的封建民族英雄和新兴资产阶级的矛盾，用烂肉面接济穷人的传统的良善观与建"顶大顶大的工厂"救穷人、抵制外货、拯救国家的近代维新派发展观的矛盾。

"乡妇"和"小妞"的这次登场还引发了常四爷与吴祥子、宋恩子的矛盾冲突。她们的登场还有一个背景，就是康六和刘麻子刚刚结束了就买卖康顺子的问题交谈。"小妞的头上插着一根草标"说明她的身份也是一个要被卖的女孩，

"妈，我饿！我饿！"则说明了她被卖的原因。这一切与前面康六要卖康顺子的境遇何其相似：

康　六　那不是因为乡下种地的都没法子混了吗？一家大小要是一天能吃上一顿粥，我要还想卖女儿，我就不是人！

在如此的情形下，才有了王利发和常四爷的对话：

王利发　（过来）常四爷，您是积德行好，赏给她们面吃！可是，我告诉您：这路事儿太多了，太多了！谁也管不了！（对秦仲义）二爷，您看我说的对不对？

常四爷　（对松二爷）二爷，我看哪，大清国要完！

正是这句"大清国要完！"才引起了他与"非天天拿人不可，好得点津贴"的吴祥子和宋恩子的矛盾，常四爷那句"我爱大清国"是发自内心的，"怕它完了"也是一种无奈的表达。此处的矛盾冲突也暗示了这位封建民族英雄的最终结局。

"乡妇"和"小妞"的第二次登场再度与康六和康顺子建立起巧妙的联系，一方面强化了康顺子的不幸命运，另一方面凸显了底层民众和统治阶层的矛盾。在常四爷的帮助下，母女二人吃了一碗烂肉面，"乡妇"也暂时放弃了卖"小妞"的想法；康顺子却没这么幸运，在知道无法改变自己的命运后，"又饿又气，昏过去了"。老舍先生通过这一对比强化了康顺子的悲剧命运。面对如此场景，庞太监的表现则毫无人性——"我要活的，可不要死的！"底层民众命如草芥的悲剧命运不言而喻，底层人民和统治阶层的尖锐矛盾更加凸显。

"乡妇"和"小妞"的对话也值得我们深思：

小　妞　妈！我还饿！

王利发　唉！出去吧！

乡　妇　走吧，乖！

小　妞　不卖妞妞啦？妈！不卖啦？妈！

乡　妇　乖！（哭着，携小妞下）

当"小妞"连续两次问"乡妇"是不是不卖自己了，"乡妇"仅仅哭着回答了一个"乖"字，她也只能回答一个"乖"字，因为在当时的社会中，她无法给自己的女儿一个用一碗烂肉面就能换来的承诺。也许明天，也许下一顿饭之前，小妞又会被插上草标，甚至会有和康顺子同样的命运。

三、"茶客"言语背后的深远意味

"茶客"这一群体以不同的形式出现过三次,第一次是在秦仲义和庞太监产生矛盾冲突后:

茶客甲　谭嗣同是谁?

茶客乙　好像听说过!反正犯了大罪,要不,怎么会问斩呀!

茶客丙　这两三个月了,有些做官的,念书的,乱折腾乱闹,咱们怎能知道他们捣的什么鬼呀!

茶客丁　得!不管怎么说,我的铁杆庄稼又保住了!姓谭的,还有那个康有为,不是说叫旗兵不关钱粮,去自谋生计吗?心眼儿多毒!

茶客丙　一份钱粮倒叫上头克扣去一大半,咱们也不好过!

茶客丁　那总比没有强啊!好死不如赖活着,叫我去自己谋生,非死不可!

秦仲义和庞太监唇枪舌剑的背后是维新派和守旧派之间的矛盾。秦仲义想要变卖祖上所有的产业,建工厂,实业救国;庞太监则迂腐守旧,大肆宣扬"谁敢改祖宗的章程,谁就掉脑袋!"在如此的情景下,引入众茶客的对话,老舍先生意在批判当时民众的麻木、自私和愚昧。话剧一开始便提供了一个大的社会背景——"1898年(戊戌)初秋,康梁等的维新运动失败了",这在当时是关系到民族危亡的大事,而这些茶客的反应是"谭嗣同是谁?""好像听说过!"西方列强的铁蹄已经践踏到了自己国家的土地,甚至已经踩到了他们的头顶,他们关心的却只是"我的铁杆庄稼"是否保得住,这种短视和狭隘是当时封建守旧思想仍处于主导地位的写照。"一份钱粮倒叫上头克扣去一大半,咱们也不好过!"则说明统治阶层内部也存在着尖锐的矛盾,当时社会从上到下都已腐烂变质。另外,从"茶客"言语中我们能够看出,当时的社会没有供新兴资产阶级生长的土壤,我们已经能够预见秦仲义最后的命运。

"茶客"第二次出现的背景是吴祥子、宋恩子要带走常四爷和松二爷,松二爷请黄胖子求情,黄胖子不肯。

黄胖子　官厅儿管不了的事,我管!官厅儿能管的事呀,我不便多嘴!(问大家)是不是?

众　　　嗻!对!

此处，老舍先生对"茶客"的刻画更为简洁，仅用一个"嘘"和"对"便进一步揭露了人性的病态。"嘘"是一个有着浓浓的京味儿和深深的历史印记的字，既揭示了"茶客"的看客心理，也说明"茶客"受封建思想影响之深；一个斩钉截铁的"对"字，则说明当时的民众是非颠倒，毫无正义感可言。从另一个层面来讲，他们也是当时社会的受害者和牺牲品，他们更无力去管"官厅儿能管的事"，只能在这黑暗社会的夹缝中苟延残喘，精神被腐蚀，心灵被扭曲。这也说明常四爷身上体现出的统治阶级底层人物所具有的值得赞扬的精神正在被麻木的人性、畸形的社会不断地吞噬着。老舍先生在麻木自私的人群、满是弊病的社会，以及新兴资产阶级和封建民族英雄可以预见的结局中融入了深刻的思考：什么样的道路才能救中国呢？

"茶客"第三次登场在这一幕的最后，同样是老舍先生"招之即来"的安排。"茶客"下棋的场景和前文的故事并没有直接的衔接和必然的联系。老舍先生在落幕前让茶客甲、茶客乙再度登场是为了追求一种余韵无穷的艺术效果。老舍先生此时为"茶客"设定的场景和台词尤其耐人寻味：

茶客甲　（正与乙下棋）将！你完啦！

"《茶馆》人物众多、线索纷繁，剧情如排山倒海般向前推进，浪潮到高峰处却戛然而止，这本身就造成了无穷无尽的意境。"[①]下棋这一场景的设定便富有深意，当时的社会本就是不同人群、不同阶层、不同势力、不同思想的博弈——西方列强和中国的交锋，底层人民和统治阶层的斗争，保守派和维新派的对抗……从另一个维度来说，生活在那个年代的社会底层的小人物又何尝不是一枚枚棋子，生活甚至是生死都由统治阶层摆弄。

"你完啦！"更是回荡在整个话剧中的声音，是整个话剧内容的缩影，是整个话剧的灵魂所在。这三个字昭示了茶馆的命运、人物的命运、社会的命运，裕泰茶馆悄然消逝，王利发自我了结，秦仲义实业救国梦破碎，常四爷撒纸钱祭奠……更为重要的是，老舍先生将矛头指向了"戊戌变法"刚刚失败的清末、军阀混乱的民国初年和无限黑暗的新中国成立前的三个时期，并且"用三幕戏、三万字，深刻地描绘出这样一幅广阔的时代画卷，出色地完成了埋葬三个时代的任务"[②]。

[①] 刘谦功：《从〈茶馆〉看老舍戏剧意境的创造》，《老舍研究论文集》，人民文学出版社，2000年，第329页。

[②] 冉忆桥：《带笑的葬歌——谈围绕〈茶馆〉争议的几个问题》，《老舍研究资料》（下），北京十月文艺出版社，1985年，第950页。

品味"最为完美的对白"

——从语言视角赏析《玩偶之家(节选)》

卢卡契曾说"在现代文学中易卜生写出了也许是最为完美的对白"[1]。统编版高中语文教材选择性必修中册第四单元第 12 课是对易卜生经典戏剧《玩偶之家》的节选。节选部分通过意蕴丰富的称呼变化、不同心境下人物台词长短的变化、繁笔简笔的巧妙结合、多样的句式的运用,细致深入地刻画了人物的内心世界,塑造了性格鲜明的人物形象,表达了女性觉醒与反抗的主旨,让我们真切地感受到了"最为完美的对白"的艺术魅力。

一、称呼变化意蕴深刻

文本用两封信串联了整个故事,海尔茂在看到两封信前后对娜拉的称呼有着明显的变化:

	看到第一封信之前	看完第一封信之后	看完第二封信之后
海尔茂对娜拉的称呼	我的小鸟儿 迷人的小东西 我的好宝贝儿——我一个人的亲宝贝儿 娇滴滴的小宝贝儿 我的娜拉 小娜拉 不懂事的孩子	你这坏东西 伪君子 撒谎的人 犯罪的人 坏蛋 下贱女人	我的可怜的娜拉 受惊的小鸟儿 我的吓坏了的可怜的小宝贝儿 我的好娜拉

称呼变化的背后,既有对人性的揭示,也有对个体命运和社会现实的反思与批判。

称呼变化最直接表现出的是海尔茂虚伪、无情、自私的品性。先前还是甜言蜜语,当看完第一封信得知娜拉曾经伪造签名向柯洛克斯泰借过一笔钱时,

---

[1] 〔匈〕格·卢卡契:《易卜生创作一种资产阶级戏剧的尝试》,《易卜生评论集》,外语教学与研究出版社,1982 年,第 219 页。

海尔茂感到自己可能会因此受到牵连,有损自己的名誉、尊严,便对娜拉施以恶语毒言,语气一次比一次重,语言一次比一次恶毒。当看到第二封信知道自己没事了之后,海尔茂对娜拉的称呼再一次发生了变化,又变得虚情假意。海尔茂并不是一个独特的个体,而是一个普遍的群体的代表,他的行为是当时社会背景下"丈夫"的行为的缩影。胡适先生早在1918年于《新青年》上谈"易卜生主义"时就曾说:"易卜生所写的家庭,是极不堪的。家庭里面,有四种大恶德:一是自私自利;二是倚赖性、奴隶性;三是假道德、装腔作戏;四是懦怯没有胆子。做丈夫的便是自私自利的代表。"①

称呼变化的背后有着更为深刻的内蕴,即以娜拉为代表的女性在家庭中地位的丧失。从海尔茂对娜拉的称呼来看,他从来没有将娜拉放在与自己平等的位置上看待:

一是,海尔茂对娜拉称呼的变化随个人的心情而变化。尤其是海尔茂看到第一封信后从称呼上对娜拉人格的一系列抨击,更加能够体现出娜拉的人格尊严是掌握在海尔茂手中的,也反映出当时的社会是从男性的视角来裁判女性的行为的。

二是,海尔茂面对娜拉始终持一种俯视的态度。从"我的小鸟儿""迷人的小东西"等称呼中可以看出,海尔茂多数情况下没有从"人"的角度看待娜拉,只是把她当成自己的"宠物";即便他把娜拉当"人"看待,也是持一种居高临下的姿态,称她是"小娜拉""不懂事的孩子""小宝贝儿",双方地位仍是不平等的。

三是,在海尔茂眼中娜拉有着强烈的从属性。他反复用"我的",将娜拉视为自己的附属品和"私有的财产",并认为娜拉最神圣的职责是"对丈夫和儿女的责任",充分体现了海尔茂盛气凌人的男权思想和当时社会中男女的不平等性。

称呼的变化也引发了娜拉认知体系的断裂和重构,促使了她的觉醒和反抗。她一开始接受丈夫对自己的称呼,是出于对海尔茂的爱和对家庭未来的憧憬,她并没有在意或者说还没有意识到自己在家庭中的地位。为了治好丈夫的病,为了不打扰重病的父亲,她冒着极大的风险伪造签名向柯洛克斯泰借钱。为了偿还债务,她经常熬夜工作,自己能像男人一样挣钱养家,在她看来是"一件又得意又高兴的事情"。她非常期待在危机爆发时,丈夫能够挺身而出,像自己为他付出一

---

① 《胡适文存》,黄山书社,1996年,第456页。

样,给自己以支持和庇护。然而,海尔茂的态度让娜拉的认知体系产生了断裂——爱竟然不是维系夫妻关系和家庭结构的纽带,自己与丈夫在家庭地位上竟有如此的不对等性。娜拉开始有了真正意义上的反思与觉醒,她的认知体系由此产生重构:她明白要想成为一个健全的人,必须寻找一种更为彻底的方式来完成人格和精神独立。于是,她义无反顾地走向了离家出走的门口。

二、台词长短独具匠心

对于娜拉的语言,易卜生也颇费心思,他通过娜拉台词长短的变化反映她在不同场景下的心理变化以及自我觉醒的过程。

	面对海尔茂看到第一封信之前的表现	面对海尔茂看完第一封信之后的表现	面对海尔茂看完第二封信之后的表现
娜拉台词举例	娜拉 喔,你做的事都不错。 娜拉 别那么瞧我。 娜拉 我想是吧。 娜拉 是,是,是,我知道你的心都在我身上。 娜拉 走开,托伐!撒手,我不爱听这些话	娜拉 全是真的。我只知道爱你,别的什么都不管。 娜拉 让我走——你别拦着我!我做的坏事不用你担当!(眼睛盯着他,态度越来越冷静)嗯,现在我才完全明白了。 娜拉 不错,这么报答你。 娜拉 我死了你就没事了。 娜拉 (冷静安详)我明白	娜拉 这三天我真不好过。 娜拉 谢谢你饶恕我。(从右边走出去) 娜拉 这话说得对,你不了解我,我也到今天晚上才了解你。别打岔。听我说下去。托伐,咱们必须把总账算一算。 娜拉 说不上快活,不过说说笑笑凑个热闹罢了。你一向待我很好。可是咱们的家只是一个玩儿的地方,从来不谈正经事。在这儿我是你的"玩偶老婆",正像我在家里是我父亲的"玩偶女儿"一样。我的孩子又是我的泥娃娃。你逗着我玩儿,我觉得有意思,正像我逗孩子们,孩子们也觉得有意思。托伐,这就是咱们的夫妻生活。 娜拉 这些话现在我都不信了。现在我只信,首先我是一个人,跟你一样的一个人——至少我要学做一个人。托伐,我知道大多数人赞成你的话,并且书本里也是这么说。可是从今以后我不能一味相信大多数人说的话,也不能一味相信书本里说的话。什么事情我都要用自己脑子想一想,把事情的道理弄明白
台词长短	短台词	短台词为主 台词由长变短	长台词为主 台词由短变长

在海尔茂看到第一封信之前,因为害怕自己伪造签名借钱的事情败露,娜

拉内心充满了担忧和不安,面对海尔茂的甜言蜜语,她一直在心不在焉地敷衍。易卜生借助短台词,如"喔,你做的事情都不错""是,是,是,我知道你的心都在我身上"等,精准地描写出娜拉的这种心理状态。

面对海尔茂看完第一封信后的表现,娜拉一开始话语较多,如她说"全是真的。我只知道爱你,别的什么都不管",是因为她还心存一丝希望,希望通过自己的解释让丈夫理解自己的行为完全是出于对他的爱,希望能够得到他的宽恕。语言虽然略显无助,但还是有温度的。当看到丈夫没有如他所说"拼着命""牺牲一切"来救她,甚至都没有原谅她,反而是不断地恶语相加时,娜拉看清了丈夫的真面目,明白了自己的处境,语言变得简短、坚定、冰冷:"不错,这么报答你""我明白"……这是一种痛心和反思,更是一种情绪的积压与酝酿。

面对丈夫看完第二封信后的虚情假意,娜拉一开始仍用简短、坚硬的语言回应,如"这三天我真不好过""谢谢你饶恕我",表达自己的痛心和对丈夫的绝望。随着两人对话的深入,她之前压抑的情感瞬间如火山般喷发而出,她将自己对命运的感悟、对家庭的思考、对宗教的不屑、对法律的质疑、对社会的批判全部表达出来。话语中有真情的控诉、理性的思考、内心的觉醒和真正意义上的反抗。娜拉在诉说中完成了脱胎换骨的蜕变,完成了精神的成长与人格的独立。当她说出"现在我只信,首先我是一个人,跟你一样的一个人——至少我要学做一个人"时,一个全新的娜拉便向我们走来了。

三、繁笔简笔相得益彰

周先慎在《简笔与繁笔》中说:"看文学大师们的创作,有时用简:惜墨如金,力求数字乃至一字传神。有时使繁:用墨如泼,汩汩滔滔,虽十、百、千字亦在所不惜。简笔与繁笔,各得其宜,各尽其妙。"本文中繁笔与简笔的运用同样恰当准确,两者相得益彰。

(一) 繁笔

当海尔茂拿着信走进书房时,易卜生不惜笔墨从多角度反复渲染此时娜拉的心理状态。他首先从娜拉的动作入手,写她"瞪着眼瞎摸,抓起海尔茂的舞衣披在自己身上,急急忙忙,断断续续,哑着嗓子,低声自言自语",后来又"把披肩蒙在头上",将娜拉因害怕而惊慌失措的状态写得淋漓尽致。"从今以后再也见不着他了！永远见不着了，永远见不着了。也见不着孩子们了！永远见不着了！""快点儿完事多好啊！现在他已经拿着信了，正在看！喔，还没看。再见，托伐！再见，孩子们！"则是运用反复的手法突出娜拉的内心独白，简单话语的机械重复，将她内心的绝望、无助，害怕结果的到来却又渴望快点被命运宣判的矛盾心理表现出来。"喔，漆黑冰凉的水！没底的海！"这段文字看似突兀多余，其实是作者运用象征的手法对娜拉身陷漆黑、冰冷、深不见底的"大海"的处境和心境的极致刻画。

易卜生对这一细节反复用墨，既是为了对人物进行精细的刻画，更是为后文激烈的矛盾冲突蓄势。

写到娜拉内心的觉醒时，易卜生则反复写她在经历信件事件后对自己在两个家庭中"玩偶"般的地位不断反思：

娜　　拉　托伐，这是老实话。我在家跟父亲过日子的时候，他把他的意见告诉我，我就跟着他的意见走。要是我的意见跟他不一样，我也不让他知道，因为他知道了会不高兴。他叫我"泥娃娃孩子"，把我当作一件玩意儿，就像我小时候玩我的泥娃娃一样。后来我到你家来住着——

娜　　拉　说不上快活，不过说说笑笑凑个热闹罢了。你一向待我很好。可是咱们的家只是一个玩儿的地方，从来不谈正经事。在这儿我是你的"玩偶老婆"，正像我在家里是我父亲的"玩偶女儿"一样。我的孩子又是我的泥娃娃。你逗着我玩儿，我觉得有意思，正像我逗孩子们，孩子们也觉得有意思。托伐，这就是咱们的夫妻生活。

娜拉由眼前的境遇联想到过去的经历，多重类比，用"泥娃娃孩子""玩偶老婆""玩偶女儿"等词反复强调自己在父亲和丈夫眼中的地位。这既是娜拉看清现实之后，内心压抑已久的情绪痛心的宣泄，又是对自身命运和家庭地位的理性思考，更是娜拉精神和思想深度觉醒的体现。

（二）简笔

易卜生还善于运用简笔，借助留白给读者更广阔的想象空间，形成一种强大的语言张力。如：

娜　拉　全是真的。我只知道爱你,别的什么都不管。
海尔茂　哼,别这么花言巧语的!
娜　拉　(走近他一步)托伐!

当娜拉说出自己的做法全部是因为爱丈夫,却换来海尔茂无情的指责和嘲讽时,易卜生并没有给娜拉设置更多的台词,仅仅用了"托伐"两个字。细细品来,虽然仅仅两字,却力敌千钧。如果要在"托伐"二字后补写句子,可以补出的内容非常之多;然而无论补充什么,总感觉言不尽意。恰恰是这一句欲言又止的"托伐!"写出了娜拉当时最为复杂的内心,凝聚了娜拉最为复杂的情感。里面有对丈夫的爱,也有对丈夫的失望;有娜拉内心的伤痛,也有她对自己的反思……这种留白艺术所达到的余响不绝、回味无穷的效果是千言万语都无法比拟的。

又如:

海尔茂　不用装腔作势给我看。(把出去的门锁上)我要你老老实实把事情招出来,不许走。你知道不知道自己干的什么事?快说!你知道吗?
娜　拉　(眼睛盯着他,态度越来越冷静)嗯,现在我才完全明白了。

在丈夫的咄咄相逼下,娜拉也只是简单地说了一句"现在我才完全明白了"。读到这句话,我们又不能不去想:娜拉明白了什么?是明白了丈夫真面目,明白了他们之间感情的脆弱,还是明白了自己所有的良苦用心都是徒劳,明白了自己处境的卑微?这句话是对个体命运的反思,还是对社会现实的批判?娜拉说出这句话时的心情如何?是愤怒、绝望、悲痛,还是理性、坚定?娜拉说出这句话后会做什么?……看似简单的笔墨,却隐含着丰富的意蕴。

四、句式选择灵活多样

文中易卜生还运用了多样的句式。文章通篇以短句为主,便于在矛盾冲突中简明扼要地表现人物的情绪。设问和反问的运用,一方面是主人公对命运反思的折射,另一方面也引发了读者的深入思考。感叹句的反复使用,更有利于在强烈的情感表达中刻画鲜明的人物形象,深化矛盾冲突,揭示写作目的。

文中最具特色的是倒装句式的使用,如海尔茂看到第一封信前两人的一段对话:

娜　拉　走开,托伐!撒手,我不爱听这些话。

海尔茂　什么?你成心逗我吗,娜拉?你不爱听!难道我不是你丈夫?

这段对话的正常语序应该是:

娜　拉　托伐,走开!撒手,我不爱听这些话。

海尔茂　什么?娜拉,你成心逗我吗?你不爱听!难道我不是你丈夫?

比较而言,倒装句的使用能够更好地展现出当时情境下两人的心理状态。将"走开"前置,整个句子语气的重心便落在了"走开"二字之上,充分体现出娜拉因为紧张、担忧而产生的不耐烦的心理;而男权思想根深蒂固的海尔茂听到妻子以这样的语气对自己说出这样的话后,必然会非常惊讶,因为这对他而言是无法接受的,将"你成心逗我吗"置于"娜拉"之前,便把他的这一心理活动刻画得细致生动。

又如,在海尔茂打开信箱的那一刻,娜拉的反应是:

娜　拉　(在窗口)那封信!喔,托伐,别看!

其正常的语序是:

娜　拉　(在窗口)喔,托伐别看那封信!

原句将倒装与短句进行了巧妙的结合。"那封信"是娜拉最关注的东西,甚至可以说是她命运之所系。将"那封信"前置符合人物正常的心理反应,更能突出娜拉看到丈夫去拿信后的紧张和震惊。"喔,托伐,别看!",在"托伐"后停顿,可以看出娜拉此刻对丈夫仍怀有强烈的情感,心中还有对丈夫满满的爱,她宁可独自承受一切后果,也不愿意看到丈夫因看到信而伤心失望;"别看"二字则是娜拉无助的祈求。

再如:

娜　拉　让我走——你别拦着我!我做的坏事不用你担当!

这句话中,"让我走"娜拉说得掷地有声,铿锵有力,作者将其前置是为了体现娜拉的觉醒精神与反抗意识。面对永远站在制高点俯视自己的丈夫,娜拉以命令的语气和不容置疑的口吻发出了震撼人心的呐喊。这是她和自己的丈夫、畸形的家庭、过去的自己诀别的宣言,也预示着她将走出灰色的过去,走出既定的命运,走向未来,走向新生。

易卜生凭借巧妙的语言艺术让人物形象变得鲜活,让文章的内蕴变得深刻,也让这部戏剧成为文学史上永恒的经典。

中外名篇群文细读

谎言还是妙论？
——《六国论》《阿房宫赋》《过秦论》群文鉴赏

《六国论》中苏洵认为六国灭亡的原因是贿赂秦国，《阿房宫赋》中杜牧将阿房宫写得极尽奢华，《过秦论》中贾谊认为陈胜"才能不及中人"，这些观点实际上并不完全符合史实。然而，这些看似谎言的说法实则是作者独具匠心的妙论，是作者在借史论来写政见。

一、"六国破灭"真的是"弊在赂秦"吗？

苏洵的《六国论》是千古名篇，因其逻辑清晰、结构严谨、论证有力、语言生动而为人称道。文章首段提出中心论点"六国破灭，非兵不利，战不善，弊在赂秦"，紧接着借助两个分论点"赂秦而力亏""不赂者以赂者丧"来说明中心论点。第二、三段分别借助韩、魏、楚和齐、燕、赵六国的例子论证"赂秦而力亏"和"不赂者以赂者丧"两个分论点，在此基础上抒发了"为国者无使为积威之所劫哉"的慨叹，进而引出写作目的"苟以天下之大，下而从六国破亡之故事，是又在六国下矣"。文章思路清晰明了，段落之间环环相扣，文本内涵步步深入。

文章的论证方法和语言同样极为精彩，举例论证、对比论证、比喻论证、引用论证、正反论证、假设论证等多种论证方法的运用不但有力地论证了文章的观点，而且使得文章的语言更加生动形象，毫不乏味。

然而，这一切需要一个前提，就是承认苏洵所说的"六国破灭弊在赂秦"这一观点是正确的。六国灭亡真的是因为贿赂秦国吗？对于这一问题可谓见仁见智，苏洵的两个儿子也都写过《六国论》，观点却与他截然不同：苏轼认为一个国家兴亡的关键在于"士"，只要把"士"养起来，老百姓即使想造反也找不到带头人，国家便可以安定；苏辙认为六国灭亡是决策者目光短浅，"不知天下之势"之故。明代的李桢则认为包括六国在内的任何诸侯国想要摆脱灭亡的命运，必须施行仁义。

六国灭亡有着多方面的原因，并不单单是赂秦造成的，苏洵笃定地说六国灭亡"弊在赂秦"显然失之偏颇。

二、阿房宫真的奢华无度吗？

大多数人对阿房宫的认知应该来自杜牧的《阿房宫赋》，文中杜牧将赋的特点和阿房宫的奢华写到了极致。他运用比喻、排比、夸张、对比等多种手法，从不同的角度写出了阿房宫的奢华，可谓"铺采摛文穷形相，多样手法绘阿房"。从阿房宫的整体来看，杜牧写到了阿房宫面积之广、建筑之高、绵延之长、楼阁之多；从内部结构来看，杜牧写出了阿房结构之精巧、空间之广阔、用材之繁多；从宫内之人的生活来看，杜牧写出了美人之众、珍宝之多、生活之奢。

然而，据古今专家学者考证，阿房宫根本没有这么奢华，甚至宫殿建筑都没有建设完成。

《史记·秦始皇本纪》中提到阿房宫未建成秦始皇就死去了，"先帝为咸阳朝廷小，故营阿房宫。为室堂未就，会上崩……"[1]虽然秦二世后来复作阿房宫，但并未提到阿房宫最终建成。班固更是明确指出"秦遂不改，至于离宫三百，复起阿房，未成而亡"[2]。清代王士禛也直言："杜牧之《阿房宫赋》，文之奇不必言，然于事实殊戾。"[3]李毓芳等考古学家更是通过几年的考古研究得出结论：阿房宫"没建成，也没被火烧"[4]。

大量的史料和事实证明，富丽堂皇的阿房宫只是杜牧笔下的一个美丽的"谎言"，是他用想象和文字建造而成的罢了。

---

[1] 《史记》，中华书局，2006年，第50—51页。
[2] 《汉书》，中华书局，1962年，第1447页。
[3] 〔清〕王士禛：《池北偶谈》，中华书局，1982年，第279页。
[4] 李毓芳：《阿房宫：没建成，也没被火烧》，《文汇报》，2015年6月19日。

三、陈胜真的"才能不及中人"吗？

贾谊在《过秦论》中说"陈涉瓮牖绳枢之子，氓隶之人，而迁徙之徒也；才能不及中人"，然而，陈胜的才能真的"不及中人"吗？

司马迁在《史记·陈涉世家》中对陈胜有着非常详细的描述，从中我们可以读出一个更为立体的陈胜。陈胜少时便有大志，因此才有了"燕雀安知鸿鹄之志哉！"的感慨。陈胜能够审时度势，戍渔阳途中遇雨大泽乡，他预见了"失期，法皆斩"的结局，于是揭竿而起。陈胜富有谋略，起义之前他做了许多准备工作，先是"以吾众诈自称公子扶苏、项燕"，如此一来便师出有名，顺应民心；后又置帛书于鱼腹中，在夜里学狐鸣叫，让人们认为起义顺应天意，理所当然；"王侯将相宁有种乎！"的口号，更是抓住了那些戍边之人的心理，说出了他们的心声。班固在《汉书·陈胜传》中对陈胜也有类似的描述。显然说陈胜的"才能不及中人"是不恰当的，否则，又为何会"天下云集响应，赢粮而景从"呢？

四、"谎言"的背后：借史论之名达政论之实

从还原史实的角度来看三篇文章，苏洵、杜牧、贾谊三人都"说了谎"。然而，当我们站在时代的背景、国家的高度再去解读这三篇文章时，会发现这些"谎言"实则是作者独具匠心的妙论。三篇文章有一个共同的特点——同属史论文，这类文章大都是评史与论政相结合，目的是借论史来表达政见。

（一）《六国论》——借古喻今，以刺世事

苏洵在《六国论》中抓住一个"赂"字不放，反复强调，说得十分坚定，说得不容置疑，这和当时的社会背景有密切的关系。宋真宗时，北宋统治者屈辱求和，与辽签订了澶渊之盟，岁赂契丹银十万两，绢二十万匹。宋仁宗时，北宋朝廷重蹈覆辙，岁赂西夏银近七万两，绢十五万余匹，茶叶三万斤；契丹也再次大军压境，宋岁增赂契丹银十万两，绢十万匹……

当时的宋和曾经的六国何其相似。苏洵拿北宋与六国作比，意在指出朝廷若不改变妥协苟安的国策，只知取悦强敌的话，迟早会葬送祖宗的基业，走向毁

灭。因此,苏洵指出六国灭亡的根本原因是"赂秦",并不是在为六国灭亡的原因寻找历史结论,而是为了讽谏北宋王朝吸取历史教训。"苟以天下之大,下而从六国破亡之故事,是又在六国下矣",这才是全文情感的爆发点,才是苏洵最深切的忧虑。

(二)《阿房宫赋》——以史为鉴,振聋发聩

杜牧在《阿房宫赋》中虚构一个极度奢华的阿房宫同样别有深意。"秦人不暇自哀,而后人哀之;后人哀之而不鉴之,亦使后人而复哀后人也",通篇文章的关键在于一个"鉴"字。

杜牧所处的时代已是晚唐,当时政治腐败,外族频频入侵,百姓生活困苦,大唐帝国已处于崩溃的边缘。敬宗李湛,耽于玩乐,荒淫更甚,从《新唐书》对他的记载中可见一斑:"丁未,击鞠于中和殿。戊申,击鞠于飞龙院。……己酉,击鞠,用乐。……四月丙申,击鞠于清思殿。……宝历元年正月己酉,朝献于太清宫。……五月庚戌,观竞渡于鱼藻宫。……二年正月甲戌,发神策六军穿池于禁中。……三月戊寅,观竞渡于鱼藻宫。……五月戊寅,观竞渡于鱼藻宫。……六月辛酉,观渔于临碧池。甲子,观驴鞠、角抵于三殿。……八月丙午,观竞渡于新池。"[1]此外,唐敬宗还大兴土木,广建宫殿,使得民不聊生,《旧唐书》曾这样记载:"帝性好土木,自春至冬,兴作相继。"[2]

杜牧对这一切痛心疾首,他在《上知己文章启》中说:"宝历(敬宗的年号)大起宫室,广声色,故作《阿房宫赋》。"可见《阿房宫赋》中蕴含着锐利的批判的锋芒,矛头直指大唐最高统治者,他想借写阿房宫的奢华、秦统治者的荒淫来警示唐敬宗,给当朝统治者以振聋发聩的告诫。

(三)《过秦论》——强弱相较,见微知著

贾谊在《过秦论》中反复强调陈胜的身份"瓮牖绳枢之子""氓隶之人""迁徙之徒",还指出陈胜的"才能不及中人",极力把陈胜写得卑微、渺小。这样的陈胜和不可一世的秦王、强大的秦王朝相比,强弱立显,高下立判。最终的结果却

---

[1] 《新唐书》第一册,中华书局,1975年,第227—229页。
[2] 《旧唐书》,中华书局,1975年,第520页。

是"一夫作难而七庙隳,身死人手,为天下笑者",贾谊意在借这种落差来警示统治者"仁义不施而攻守之势异也"。

西汉文帝时代,虽然是汉代所谓的"太平盛世";但是,当时权贵豪门大量侵吞农民的土地,逼使农民破产流亡,苛重的压迫剥削和酷虐的刑罚,也使阶级矛盾日渐激化。贾谊敏锐地觉察到了这一点,因此他在《论积贮疏》《陈政事疏》等文章中向汉室提出了不少改革时弊的政治主张。《过秦论》更是从总结历史经验教训的角度出发,分析了秦王朝政治的成败得失,为汉文帝改革政治、实行仁义提供借鉴。他在《过秦论》(下篇)中明确表达了自己的写作意图,"观之上古,验之当世,参以人事,察盛衰之理,审权势之宜",其最终的目的是求得"旷日长久而社稷安矣"。

寓政治见识于历史评论之中是古代文人常有的做法,陈寅恪先生曾评论道:"史论者,治史者皆认为无关史学,而且有害者也。然史论之作者,或有意,或无意,其发为言论之时,即已印入作者及其时代之环境背景,实无异于今日新闻纸之社论时评。若善用之,皆有助于考史。故苏子瞻之史论,北宋之政论也。胡致堂之史论,南宋之政论也。王船山之史论,明末之政论也。今日取诸人论史之文,与旧史互证,当日政治社会情势,益可借此增加了解……"[1]钱锺书先生对此进一步阐释道:"盖后来者尚论前人往事,辄远取而近思,自本身之阅历着眼,于切己之情景会心,旷代相知,高举有契。……宋明来史论如苏洵《六国论》之与北宋赂辽,苏轼《商鞅论》之与王安石变法,古事时事,相影射复相映发(actualization),厥例甚众。"[2]

类似《六国论》《阿房宫赋》《过秦论》的文章还有很多,解读这些文章时,我们应该从中读出一个文学家的笔力,一个史学家的见地,更应该读出一个政治家的良心,一个臣子的赤诚情怀。

---

[1] 陈寅恪:《金明馆丛稿二编》,上海古籍出版社,1980年,第281页。
[2] 钱锺书:《管锥编》,生活·读书·新知三联书店,2007年,第1990—1991页。

从一词二赋的人称变化看苏轼的精神突围

黄州时期的苏轼，文学创作达到了一个高峰，被称为"古今绝唱"的《念奴娇·赤壁怀古》和"一洗万古"的前后《赤壁赋》都是在这时写成的。更为重要的是，这一时期的苏轼实现了精神世界的自我突围，那个后人心目中的东坡居士便是从这里走出的。

被贬的苏轼，无论是在现实境遇还是精神世界都有着断崖式的变化。他有过失落、痛苦，有过纠结、挣扎，最后归于旷达、超脱，实现了精神上的自我救赎。这个过程背后是儒、释、道三种思想的碰撞和平衡。

黄州时期，苏轼精神的蜕变可以从他一词二赋的人称变化中看出端倪。《念奴娇·赤壁怀古》中的"我"是儒家思想主导的失意的本我；《赤壁赋》中苏轼巧妙地用第三人称贯穿全文，站在宇宙和历史的维度，以旁观者的角度审视自己的处境，在儒与释、道思想的碰撞中为自己走出精神困境开辟了一条新的路径；《后赤壁赋》中的"予"则归于旷达与超脱，有着浓浓的释、道的意味。

一、"多情"的"我"

苏轼思想中有着强烈的儒家的济世情怀和浓浓的建功立业的政治热情，他幼时便"奋厉有当世志"（《东坡先生墓志铭》）；在《沁园春·孤馆灯青》中，曾抒壮志"有笔头千字，心中万卷，致君尧舜，此事何难？"；在《江城子·密州出猎》中，更是以孙权自比，展现了"西北望，射天狼"的豪情。即便是被贬黄州之后，他仍然秉持着儒家思想中的坚毅与固穷，仍然坚守着"拣尽寒枝不肯栖，寂寞沙洲冷"的孤高，仍能发出"谁道人生无再少？门前流水尚能西！休将白发唱黄鸡"的强音。

《念奴娇·赤壁怀古》中的"我"同样是儒家思想主导下的苏轼。"多情应笑我"一句是解读词中苏轼精神世界的一把钥匙。"多情"中既有对如大江般流逝的时光的叹惋,又有对厚重历史的追忆;既有对如画江山的赞美,又有对英雄业绩的追慕;既有对自身遭遇的悲慨,又有对人生如梦的感叹。词人怀古伤今,怀人伤己,情感壮中含悲。"人生如梦,一尊还酹江月"是苏轼当时心境的真实写照,很多人将其归为旷达,这应是阅尽苏轼整个人生之路后的一种推想。单就此时此境的苏轼而言,说其旷达难免牵强。对于一个心中装着时光流年、装着滚滚历史、装着如画江山、装着英雄功业、装着理想抱负却刚刚被推入人生低谷的人而言,又如何能一下子做到旷达呢?"多情应笑我",应笑"我"多情,一个"笑"字是作者的自嘲,更是作为儒者的"我"面对人生困厄的无奈叹息。

二、挣扎的苏轼

清代张伯行曾云:"凭吊江山,恨人生之如寄;流连风月,喜造物之无私。一难一解,悠然旷然。"[①]在《赤壁赋》中,我们能够清晰地看到苏轼内心挣扎和抉择的过程。他精神世界中儒家积极入世的思想与释、道的超然物外、与世无争的思想产生了激烈的交锋。苏轼的高明之处在于他深深地懂得"当局者迷,旁观者清"的道理,必须跳出自我,才能看清自我、超越自我。因此,苏轼在《赤壁赋》中没有像在《念奴娇·赤壁怀古》中一样用"我",也没有像《后赤壁赋》一样用"予",而是以第三人称的形式为我们呈现了两个苏轼:作为儒者的苏轼,客;作为释、道者的苏轼,苏子。第三人称的使用,可谓神来之笔,如此,苏轼便可以站在旁观者的角度审视自己的现实处境和精神世界。

尽管有良辰美景、赏心乐事,然而片刻的欢愉无法消除苏轼内心的愁绪。面对"万顷之茫然",苏轼借客之口发出了"渺渺兮予怀,望美人兮天一方"的感慨。此处苏轼以"美人"隐喻君王,借写"我"和"美人"天各一方,暗示自己被贬黄州的处境,对"美人"的渴望溢于言表,正如清人李扶九所言:"篇中所言,不过随时行乐,惟'美人'二字,则公真意所在。"[②]

儒家思想主导下的失落之感在苏轼的心底不断蔓延,他进而借客之口说出自己心中的四悲:英雄业绩今安在,何况吾辈渔樵者,一悲碌碌无为;蜉蝣寄托

---

① 〔清〕张伯行选编、肖瑞峰点校:《唐宋八大家文钞》,上海古籍出版社,2019年,第214页。
② 〔清〕李扶九选编、〔清〕黄仁黼纂定:《古文笔法百篇》,岳麓书社,1984年,第288页。

天地间,一粟漂零沧海中,二悲自身渺小;吾生须臾转瞬逝,长江无尽滚滚来,三悲人生短暂;欲挟飞仙不可得,愿伴明月终成空,四悲理想难成。这些都是传统意义上失意的儒者的典型心理状态。

如此强烈的情绪该如何排解呢？此时,作为释、道者的苏子便登场了。苏子借助对水与月的思考,将儒者的执拗和痛苦一一化解。水代表时间,是历史的角度;月象征自然,是宇宙的角度。苏子站在历史和宇宙的维度与客对话,通过对变与不变、取与不取的思考对客进行劝慰。从变的角度来看是逝者如斯,从不变的角度来看则是亘古如斯。明白了这个道理,当我们将自己置身于整个人类发展的进程中,又何惧人生短暂、自身渺小呢？天地的万物都有它的主人,不是我们的,即使一丝一毫也不拿取,依此来看,"一世之雄"的英雄业绩、"挟飞仙""抱明月"的人生理想或许本就非我所有,又何必苦苦争取呢？不如看轻功名利禄,看淡人生得失,以坦然的心境来欣赏"江上之清风,与山间之明月"这一大自然的无尽宝藏。

苏子对水、月的思考深受释、道思想的影响。面对人生的困境,他首先想到的是像道家一样从自然中寻求解脱,借万物之力抚平失意的伤口。变与不变的哲学中有清晰的庄子"万物一齐"和释家"物不迁论"思想的印迹。对于取与不取的思考,则明显源自释家的思想。"无尽藏"本身便语出佛典,"苟非吾之所有,虽一毫而莫取"则和释家虚无遁世、超脱圆融、懂得放下的追求相通。释家思想一直影响着黄州时期的苏轼,他在《安国寺记》曾写道:"间一二日辄往,焚香默坐,深自省察,则物我相忘,身心皆空,求罪垢所从生而不可得。一念清净,染污自落,表里翛然,无所附丽。私窃乐之。旦往而暮还者,五年于此矣。"[1]

"客喜而笑"意味着在碰撞之后释、道的思想占据了上风,一个全新的、旷达的、超脱的东坡居士的形象即将清晰地走到我们面前。他在《答李端叔书》中曾说:"谪居无事,默自观省,回视三十年以来所为,多其病者。足下所见皆故我,非今我也。"[2]苏轼跳出了自我的精神困境,站在自我之外,置身水月之下,重新审视自己,对自己的人生有了新的定义,完成了由"故我"到"今我"的转变。这种转变是灵魂的一种超脱,精神的一种蜕变,思想的一种升华。

---

[1] 《苏轼文集》,中华书局,1986年,第392页。
[2] 《苏轼文集》,中华书局,1986年,第1432—1433页。

三、超脱的"予"

经历了《赤壁赋》中内心的挣扎与思想的碰撞之后,苏轼实际上是完成了由《念奴娇·赤壁怀古》中的"我"到《后赤壁赋》中的"予"的蜕变。《后赤壁赋》的"予"是一个释、道思想主导下的超脱豁达的形象。同样在月圆之夜泛舟赤壁,与客饮酒,行歌互答,"予"比"我"眼中多了一份"霜露既降,木叶尽脱""月白风清""山高月小,水落石出"的清幽。这是苏轼淡然心境真实的折射。

此时的苏轼已经能够从容地面对眼前的困境和人生的坎坷,"履巉岩,披蒙茸,踞虎豹,登虬龙,攀栖鹘之危巢,俯冯夷之幽宫",举手投足间透出一份洒脱。即便内心偶有一丝"悄然而悲,肃然而恐"的波澜,也转瞬即逝。此时的"予"已经不再纠结一时的悲欢得失,而是"反而登舟,放乎中流,听其所止而休焉",像释家追求的一样看淡一切,像庄子一样将自己放任自然,寻得超脱。"这黑夜独游的一段,虽也可能是真实的叙述,但应该是有寓意的,仿佛是苏轼对于自己平生经历、遭遇、心态的一次简短的回顾,而其落脚点则在于心神的解脱和宁静。"[①]

"孤鹤"和"道士"的出现,更是苏轼向往道家思想毫不掩饰的表达。"鹤"是闲适孤高的代名词,道士羽衣翩跹,呈现的更是一派仙风道骨、潇洒自由,两者均可以看作苏轼本人的精神原型。"孤鹤"是苏轼精神世界的发端,"道士"则是其精神的皈依和寄托。就如同庄周梦蝶,"予""孤鹤""道士"你中有我,我中有你,苏轼在这种物我两忘的境界中实现了超脱。同时,他还借助"孤鹤""道士"构筑一个不同于现实世界的迷离虚幻的、不可捉摸的世外之境,"因为尘世间确实有许多令他难耐之处,他一定需要来自另一个世界的抚慰"[②]。

苏辙曾这样评论苏轼:"初好贾谊、陆贽书,论古今治乱,不为空言。既而读《庄子》,喟然叹息曰:'吾昔有见于中,口未能言,今见《庄子》,得吾心矣。'……后读释氏书,深悟实相,参之孔、老,博辩无碍,浩然不见其涯也。"[③]苏轼在经历了人生的起起伏伏之后,找到了一味医治自己精神创伤的良药,让他无论身处

---

① 朱刚:《苏轼十讲》,上海三联书店,2020 年,第 145 页。
② 朱刚:《苏轼十讲》,上海三联书店,2020 年,第 148 页。
③ 《苏辙集》,中华书局,1990 年,第 1126—1127 页。

何种人生困境,总能实现思想的成熟、精神的突围、自我的救赎。这味药成分其实一直未变——儒家的志向和抱负、老庄的旷达和超脱、释家的随缘和无执,只不过在不同的人生境遇下,苏轼总能很好地调配它们的比例罢了。

品《望海潮》的直白与《扬州慢》的含蓄

柳永的《望海潮》用白描式写景状物的手法凸显古杭州城的"繁华"与"好景",铺叙状景,直言抒情,近于直白;姜夔的《扬州慢》则多处用典,对比扬州城"名都"与"空城"的沧桑巨变,写景含蓄,抒情委婉。

一、"繁华""好景"与"名都""空城"

两首词都着眼于历史名城,一首写繁华的杭州,一首写衰颓的扬州。

(一)"繁华""好景"

《望海潮》围绕"繁华"与"好景"两个特点来写古杭州城,采用的是一种白描式写景状物的手法。

词的开篇"东南形胜,三吴都会,钱塘自古繁华",劈空而入,直接点明杭州城的"繁华",并以优越的地理位置、悠久深厚的历史来凸显这一特点,读来有一种居高临下、俯瞰全城之感。词人紧接着连续用了三幅图景即都会全景图、钱塘潮涌图、街市豪奢图,点面结合,具体描绘杭州城之"繁华"。"烟柳画桥,风帘翠幕"是近景细描,表现的是街巷河桥的美丽和居民住宅的雅致;"参差十万人家"是远景、全景勾勒,以广角镜头呈现"都会"之景。这几句蕴含着"小桥流水人家"的精致之美和"闾阎扑地,钟鸣鼎食之家"的富庶之感。

"云树"三句选择云树、沙堤、怒涛、霜雪四种典型意象,由近及远,动静结合,来写钱塘之潮涌,看似与"繁华"无关,实则一方面呼应前文"形胜"一词,另一方面运用夸张、比喻的手法以及"卷"这一传神的动词,表现了钱塘江潮的汹涌浩荡,为"繁华"的景象营造了一种雄浑博大的意境。

"市列珠玑"三句与上文"参差十万人家"相呼应,详写"十万人家"的生活状态,是对杭州"繁华""赤裸裸"的描写。"市列珠玑"和"户盈罗绮"两个细节便把市场的繁荣、民众的殷富清晰地反映出来。至此,柳永仍意犹未尽,"竞豪奢"三字展现了他高超的用词艺术,"奢"字本就直接写出了"钱塘"之"繁华";"奢"前面加一"豪"字,"繁华"之盛便更不言而喻了;"竞"写的是杭州富民毫不掩饰地比豪华、斗阔气的情景,说明这种"豪奢"并非一商一户的现象,而是一种普遍的状态,杭州城之"繁华"便写到了极致。

词的下阕围绕"好景"一词为我们描绘了西湖山水图、四季风光图、百姓乐居图、太守宴游图四幅图景,既写出了自然之秀丽,又呈现了人文之和谐。无论是山水景色,还是人文风光,词人仍是直接描写。"清嘉"一词是对西湖山水之美的高度概括,接着词人以点写面,选取夏、秋时节常见的具有代表性的景物"荷花""桂子",来写杭州城的四季之美。"三秋桂子"与"十里荷花"形成了对偶式的白描,既有形式的上对仗,也有音韵上的和谐。

"羌管弄晴"三句与"千骑拥高牙"三句都是直写杭州城内人们的生活状态,二者又有紧密的联系。"弄""泛"二字突出了百姓从早到晚都怡然自得、和谐诗意的生活状态。"嬉嬉钓叟莲娃"一句更显柳永笔法之老辣,词人聚焦于两类特定的人群——老人("钓叟")与孩子("莲娃"),以他们的戏乐之状,写百姓的安居乐业,颇有陶渊明"黄发垂髫,并怡然自乐"的意味。也正是百姓有了如此安定和谐的生活状态,才出现了"千骑拥高牙"的局面,而"高牙"乘醉听取的"箫鼓"之声,可能是宴游时的音乐,更有可能是百姓的"羌管"与"菱歌"。

《望海潮》在白描勾勒中,将景、情、人、事完美地融合在一起,张弛有度而又自然天成。

(二)"名都""空城"

《扬州慢》在写扬州的衰颓时,并未直接用墨,而是先以"名都"入笔,写扬州曾经的繁华,通过比较引出如今"空城"的萧条。姜夔在写"名都"曾经繁华的情状时,用了"竹西佳处"和"过春风十里"两句,这两处仍不是直接描绘。"竹西佳处"语出杜牧的《题扬州禅智寺》:"雨过一蝉噪,飘萧松桂秋。青苔满阶砌,白鸟故迟留。暮霭生深树,斜阳下小楼。谁知竹西路,歌吹是扬州。"禅智寺位于扬州的东北,诗人静坐寺中,秋风却送来远处扬州城内的歌声,虽然诗人有意突出禅智寺的静谧,然而扬州城内的歌舞喧闹、市井繁华也可见一斑。

"过春风十里"一句,姜夔写得更为委婉含蓄,他化用了杜牧"春风十里扬州路,卷上珠帘总不如"两句。这两句是杜牧在和一个相爱的歌妓分别之时写的,意思看遍扬州城十里长街的青春佳丽没有比得上你的。之前我们关注的可能是杜牧高超的赞美艺术,在即将分别之际,无须"执手相看泪眼",也无须"匀泪偎人颤",只一句"春风十里不如你",足矣!此处,姜夔却是以人写城,凸显扬州城曾经的繁华。在古代,青楼妓馆的多少是判断一个地方繁华与否的重要标志。当时的扬州城十里长街春风荡漾,到处都是卷起珠帘的粉黛红妆。词人虽未直说,却已将扬州昔日的繁华写到了极致。

写"空城"时,除"废池乔木"一句直言扬州城的破败外,其他词句仍是一种含蓄的表达。"尽荠麦青青"一句以草木之茂盛凸显扬州城之"空",与杜甫的"国破山河在,城春草木深"颇为相似。细细品来,两者又有不同,杜诗以春天为背景,城里草木深深,从心理上还容易接受;本词的大背景是"四顾萧条"的凄凉冬日,放眼望去,除了皑皑白雪之外就是荠菜和野麦,更显凄凉。一个"尽"字尤为传神,既把扬州城昔日"春风十里"的繁华气象一扫而光,又在对比中有力地突显出今日扬州城的荒凉程度。

"渐黄昏,清角吹寒"与"二十四桥仍在,波心荡,冷月无声"是遥相呼应的。后一句化用了杜牧"二十四桥明月夜,玉人何处教吹箫"两句,看似写"冷月无声",实则写清冷的月下二十四桥上美丽女子的歌声和箫声都消失了,取而代之的却是清冷的号角声。这种声响的变化强烈地暗示了扬州城遭受的严重破坏和目前的萧条。这凄冷的声音回荡在扬州城孤寂的上空,也回荡在词人惨淡的心间。

最耐人寻味的还是"杜郎俊赏,算而今,重到须惊"一句,姜夔以杜牧之感受写扬州城之衰颓。词人假想曾经快意游赏扬州的杜牧能够故地重游,看到当前的情景,用一个"惊"字,借杜牧的心理落差写出了眼前扬州的残破凄凉。

二、铺叙、直言与用典、含蓄

《望海潮》的直白与《扬州慢》的含蓄,在很大程度上和两首词所采用的主要艺术手法有关。

(一) 铺叙　直言

柳永是"以赋为词"的开山者,《望海潮》是"以赋为词"的经典代表作品。所谓"以赋为词"就是将赋的写法融入词的创作,而赋的突出特点就是"敷陈其事而直言之者也"①。柳永"以赋为词"包含互相联系的两层意思,一曰铺陈,一曰直言②。

这里所说的"铺陈"即铺叙,是对事件、情景、状态、情理等被言说的内容铺展开来进行充分周到的叙说,是"以赋为词"的典型标志。曾大兴教授将《望海潮》的铺叙方式定义为"横向铺叙",即"通过空间位置的转换和组织,对外观图象和抒情主人公的内观心灵作横向的展示与披露",他将全词的铺叙分为八层:第一层是对杭州城的宏观的掠影,从现状和历史、地理环境和社会条件等不同的角度铺陈排比,着重突出"形胜"、"都会"与"繁华"三个特点;第二层紧扣"都会"来写,写人烟之聚集与户口之蕃息;第三层承"形胜"而来,写钱塘之胜概与岸柳之葱倩;第四层围绕"繁华"来写,写商业之繁华与市民之阔绰;第五层写西湖之山水花卉;第六层写湖上市民之乐;第七层写湖畔官员之乐;第八层总概全词,颂美作结。③

词中的八层铺叙笔笔精到、面面可观,而又直白易懂。柳词"明白而家常"④的特点和柳永特殊的市井经历以及柳词特定的受众群体有非常大的关系。"柳永借鉴市井俗文学之'赋法','以赋为词',铺陈直叙,故而直露浅切,明白晓畅。"⑤

"直言"指柳永的抒情方式,在柳永的词中多表现为"即事言情、直抒胸臆、白描式的即景抒情。而柳永都会词主要以白描式的即景抒情为主"⑥。柳永在这首词中至少表达出了三种密切相关的情感。第一种情感是对杭州城景象的由衷赞美。不管是"形胜""繁华""清嘉""好景"等词的使用,还是多幅画面的描

---

① 〔宋〕朱熹集注:《诗集传》,中华书局,1958 年,第 3 页。
② 曾大兴:《柳永以赋为词论》,《江汉论坛》,1990 年第 6 期。
③ 曾大兴:《柳永以赋为词论》,《江汉论坛》,1990 年第 6 期。
④ 〔清〕刘熙载:《艺概》,上海古籍出版社,1978 年,第 108 页。
⑤ 孙雪霄:《以赋为词:柳永的市井之"俗"》,《河北学刊》,2011 年第 1 期。
⑥ 陈菁华:《铺叙展衍备足无余——试论柳永词中的铺叙手法》,《安阳师范学院学报》,2015 年第 4 期。

绘,都能直接体现出作者的这种情感。第二种情感是对孙何政绩的称扬。这一情感在"归去凤池夸"一句中表现得最为明显,"凤池"即凤凰池,原指禁苑中的池沼,代指最高行政机关中书省,这句的意思是称赞孙何将会因政绩卓著,入朝执政。第三种情感是渴望对方为自己举荐。这一情感表达得较为曲折隐晦,这和干谒诗的题材特点有关。即便如此,柳永在词的最后毫不避讳,直言政事,已经比很多同类的诗歌,如孟浩然在写给丞相张九龄的《望洞庭湖赠张丞相》中以"垂钓者"自喻,朱庆馀临考前在写给水部员外郎张籍的《闺意》中以"新娘"自比,直白得多了。

(二)用典　含蓄

《扬州慢》全词(不含小序)仅98字,却在5处用了4个典故:"竹西佳处"一句化用杜牧《题扬州禅智寺》中的"谁知竹西路,歌吹是扬州"两句;"过春风十里"与"纵豆蔻词工"两句同出一典,即杜牧《赠别》中的"娉娉袅袅十三余,豆蔻梢头二月初。春风十里扬州路,卷上珠帘总不如";"青楼梦好"一句是对杜牧《遣怀》中的"十年一觉扬州梦,赢得青楼薄幸名"的化用;"二十四桥仍在"则出自杜牧诗《寄扬州韩绰判官》中的"二十四桥明月夜,玉人何处教吹箫"。如此频繁地用典也使得整首词言简意赅,精练含蓄,辞近旨远。

《扬州慢》最突出的情感是对战争的厌恶和小序中提到的"黍离之悲",姜夔对这两种情感的抒发仍是含蓄委婉的。扬州城的衰败是由于金人入侵,作者用"胡马窥江"四字加以说明。此处的"窥"字蕴含了作者丰富的情感。"窥"是一个人瞪着眼睛透过缝隙看,是偷偷地看,非名正言顺地看,既说明了"胡马"行径之卑劣,并非光明磊落的举动,也写出了金人满满的野心和强烈的欲望,更能看出词人对战争的厌恶和家国命运的担忧。

"废池乔木,犹厌言兵"则是以物之行为写人之感受。废弃的池沼、高大的树木仍然厌恶战争,物犹如此,人何以堪?词人虽没有直言悲情,但目睹山河凋零五内俱焚的痛楚,让人感同身受。姜夔写这首词的时候,宋、金讲和已有十五年,然一个"犹"字可见十五年的时间根本无法抹平战争对扬州、对百姓、对作者内心造成的创伤。

本词对于"黍离之悲"的表达,同样是委婉的,多以对比、虚写来呈现。上阕中"春风十里"和"荠麦青青"的对比,上阕中"清角吹寒"与下阕中二十四桥曾经

"玉人吹箫"的对比，都凸显了扬州城的昔盛今衰。"重到须惊"是作者想象杜牧看到眼前扬州的心理，而且这种吃惊的感受，是有"豆蔻词工，青楼梦好"这样才气的杜牧都难以表达出来的，足见现在扬州之衰颓。《扬州慢》是姜夔第一次来到扬州时写下的，他来之前一定有过无限的憧憬，在自己的脑海中、在自己文化记忆里勾勒过一个想象的扬州，它应该是"名都"，是"佳处"，是"春风十里"……然而，展现在他眼前的却是一片苍凉与荒芜。杜郎之"惊"实则是姜夔之"惊"，是这位多情的词人看到自己心中的理想大厦坍没于蒿草之中的悲叹。此处通过虚写含蓄地写出战争前后扬州城的巨变，比直接描写更为巧妙。

"念桥边红药，年年知为谁生？"扬州的芍药久负盛名，苏东坡曾说"扬州芍药为天下冠"；芍药还有美好的寓意，"四相簪花"的故事便广为流传。此处词人写芍药却暗含两层悲意：时值隆冬，曾经盛开的美艳的芍药，如今却"无觅处"；即便冬去春来，纵使花开依旧，然物是人非，也只能是"寂寞开无主"，徒增悲伤。

有人说，中国古代的知识分子，一肩挑着明月，一肩挑着河山，明月丰盈着他们的诗文，山河支撑着他们的精神。不同的文人面对"明月"与"山河"也会选择不同的表达方式，面对"繁华"的钱塘，柳永选择了直接的"告白"；而面对"空城"维扬，姜夔选择的是含蓄的悲吟。

同是离别意 "情""态"各不同
——柳永《雨霖铃》与毛泽东《贺新郎》比较鉴赏

伤离惜别是中国文学史上永恒的话题,离亭话别、河桥洒泪之间也留下了很多脍炙人口的诗词,柳永的《雨霖铃》与毛泽东的《贺新郎》便是其中两首。两首词虽离别之意相似,但词中"情""态"不同。

一、同是离别意

(一)构思设计若出一辙

两首词在构思上非常相似,均以离别为线索写别时的场景和别后的想象,写别时场景时又都写到了当时的环境、人物的情态、别时的心理等内容,如下表所示:

	别时场景				别后想象
	别时环境	别时情态	别时心理	离别标志	
《雨霖铃》	寒蝉凄切,对长亭晚,骤雨初歇	执手相看泪眼,竟无语凝噎	都门帐饮无绪;留恋处;念去去,千里烟波,暮霭沉沉楚天阔	兰舟催发	今宵酒醒何处?杨柳岸,晓风残月。此去经年,应是良辰好景虚设。便纵有千种风情,更与何人说
《贺新郎》	今朝霜重东门路,照横塘半天残月,凄清如许	挥手从兹去。更那堪凄然相向,苦情重诉。眼角眉梢都似恨,热泪欲零还住	肠已断;从此天涯孤旅;凭割断愁丝恨缕	汽笛一声	要似昆仑崩绝壁,又恰像台风扫寰宇。重比翼,和云翥

143

(二) 意境营造异曲同工

《雨霖铃》写清秋傍晚骤雨之后的离别，《贺新郎》写寒冬清晨冒着重霜的离别，虽时节不同、地点有别、天气各异，然意境相似、凄凉相通。

《雨霖铃》开篇以"寒蝉"这一意象入笔，既暗示了时节为"清秋节"，又借其凄凉急促、若断若续的哀鸣奠定了整首词的感情基调。"晚"字点出了具体的时间为傍晚时分，"夕阳无限好，只是近黄昏""日暮乡关何处是？烟波江上使人愁"……"晚"无论以什么字眼呈现在我们面前总给人以凄凉之感。清秋与傍晚的组合瞬间将凉意拉长，寒蝉与傍晚的组合同样是感伤的代名词，元稹有诗"红树蝉声满夕阳，白头相送倍相伤"（《送卢戡》）。《贺新郎》以"今朝霜重"点明送别时节和具体时间，"霜重""今朝"与《雨霖铃》中清秋、傍晚类似，同样是悲凉叠加的两个词。送别之时，一个是清秋傍晚听取几声蝉鸣，一个是寒冬清晨头顶半天残月，虽时节、时间各异，但均悲意浓浓。

两首词设计了不同的送别地点来表达离别之伤。《雨霖铃》中柳永并未点明真实的、具体的地点，而是选取了最为经典也最为人熟知的送别地点"长亭"，以一个概念化的、抽象的地点，直接点明离别的主题。《贺新郎》中"东门路""横塘"的使用，则更具匠心，是词人对现实与典故的巧妙融合。一方面是实写送别的地点，"东门路"指长沙东门之一小吴门外通往火车站的道路；当时毛泽东住所旁边也确有一个清水塘。另一方面是借用典故来写离别，《诗经》中有《出其东门》《东门之墠》《东门之池》《东门之枌》《东门之杨》等五首诗，全写男女爱情故事，地点都在东门之外，故有"东门门外多离别，愁杀朝朝暮暮人"（杜牧《新柳》）之说；"横塘"，则化用了范成大的诗句"年年送客横塘路"（《横塘》）。无论是"长亭"，还是"东门路""横塘"，都蕴含了无尽的离别之意。

两首词还都借助对天气的描写来营造意境，烘托心境，《雨霖铃》中的送别在"骤雨"之后，《贺新郎》中的送别在"霜重"之时。"骤雨"是急雨，"初歇"是指雨刚刚停止，"骤雨初歇"既写出了雨来之迅急、短促，又写出了雨后之阴郁、清冷。这是对现实环境的描写，更是词人心境的折射。《贺新郎》虽然仅仅用了"霜重"一词，所呈现出来的效果却毫不逊色。"霜"字本身便给人以清冷之感，后面加一"重"字，让"霜"更加形象可感，使悲凉之意更为深重；并且"霜重"本身便是一个被艺术化的、有着自己独特内涵的词语，李贺曾说"霜重鼓寒声不起"

(《雁门太守行》),张谓有诗"霜重桂林寒"(《送韦侍御赴上都》),宋人喻良能言语更甚——"霜重寒威一夜加"(《晓行霜重如雪》)。词中这一层厚厚的"霜"铺在东门路上,铺在横塘之畔,又何尝不是铺在词人心间?

二、"情""态"各不同

(一)情态描写各尽其妙

两首词同写离别,但对离别时人物情态的描写却截然不同,我们可以通过一个表格来对比一下。

	手	眼睛(眼泪)	言语
《雨霖铃》	执手	相看泪眼	无语凝噎
《贺新郎》	挥手	眼角眉梢都似恨,热泪欲零还住	苦情重诉

《雨霖铃》对离别时人物情态的描写已经成为文学史上的经典,历来为人称道。"执手相看泪眼,竟无语凝噎",寥寥十一字,却力敌千钧。"执手"化用《诗经》名句"执子之手,与子偕老",象征生死不渝的爱情,"执子之手"应为"偕老",词人"执手"却为离别,别是一番滋味在心头。"相看泪眼""无语凝噎"写出分别之际,没有嚎啕痛哭,只有泪眼相对,没有千言万语,只能凝噎无语。万千言语郁于胸间,百般愁思涌上心头,然而欲诉无语,泣而无声,所有的留恋、不舍、悲伤、无奈都化作泪水无声地流淌,这是离别之时最悲痛情感的最真实的写照,与苏轼"相顾无言,惟有泪千行"有异曲同工之妙。

《贺新郎》中人物离别时的情态与《雨霖铃》迥乎不同,然细细品来,毛泽东所用的词句同样是当时场景下最真实、最合理、最触动人心的描写。

毛泽东用"挥手"一词,一方面是化用李白诗句"挥手自兹去,萧萧班马鸣"(《送友人》),点明离别之意;另一方面也是场景所限,身份使然,词境所致。从"汽笛一声肠已断"一句我们可以推想,"挥手"是词人坐在火车上发出的动作,火车不比柳词中的"兰舟",不具备"执手"的现实条件。联系整首词的情感表达来看,本词在表达离愁别绪之外,更欲突出毛泽东与杨开慧的革命豪情,若写两人卿卿我我、"执手"难舍,既不符合人物身份,更与全词词境相悖。

"眼角眉梢都似恨，热泪欲零还住""苦情重诉"几句则要置于特定的写作背景中去理解，才能真正体会毛泽东寄寓的深意。1920年冬，杨开慧与毛泽东在长沙结婚。1922年，长子岸英出生。1923年4月，毛泽东调往中央工作，告别长沙，赴上海；6月，毛泽东去广州参加中国共产党第三次全国代表大会；11月，次子岸青出生；不久，毛泽东接中央通知准备参加国民党第一次全国代表大会。这首词便是词人在和自己的妻子杨开慧分别时写的。此时，毛泽东因组织了一系列的工人和农民运动，正被湖南督军赵恒惕通缉。两人本就聚少离多，长子犹在襁褓，次子尚不满月，丈夫却要匆匆远行，而且在当时特定的社会环境中，每次生离都可能会成为死别，怎能不"眼角眉梢都似恨"？怎能不"热泪欲零"？怎能不"苦情重诉"？一个"重"字颇耐人寻味，可见这种场景已不止一次，蕴含聚少离多之苦、无限担忧之痛。"还住"一词更是点睛之笔，词人与妻子的离别，不像柳永与心上人那样仅仅站在自己的立场抒发情感，泪眼千行，而是彼此站在对方立场，为对方着想。从词人的角度而言，离别本就悲伤，若"热泪零落"会让妻子更为伤心难过；从妻子的角度而言，虽然家中有千辛万苦，自己有百般不舍，若以泪目相对，丈夫怎能放心离开？一边是克制自己，以免引起妻子的离情别绪，足见丈夫对妻子的关心；一边是强忍泪水，以消除丈夫的万千牵挂，更见妻子的深明大义。

（二）情感抒发迥然相异

两首词虽然都写离别之意，但是核心情感的抒发却迥然不同：柳永借写离别伤己，毛泽东借写离别明志。一首是文人的倾诉，一首是伟人的宣言。

《雨霖铃》对离别情感的抒发非常直白，既有离别前"都门帐饮无绪"的无限悲伤与无奈，也有离别时"执手相看泪眼"的不舍与留恋，更有别后自己置身"千里烟波""暮霭沉沉"的楚天中的深深孤寂和纵有"良辰美景""千种风情"却无人共赏、无处倾诉而引发的无尽思念。

然而真正走近柳永，走进《雨霖铃》，我们会发现词中不仅有无奈与不舍，离别和思念，更有柳永对人生坎坷与困厄痛彻心扉的生命体悟。柳永一身才气，"凡有井水处，皆能歌柳词"，然仕途不顺。他进京赶考自信"定然魁甲登高第"，不料两次落第，自恃才高的柳永忍不住自嘲道"忍把浮名，换了浅斟低唱"，宋仁宗听后大为恼火，因此，虽然柳永三试中第，无奈宋仁宗御笔轻勾，一句"且去填词"让他再度落榜。以极大的热情投身政治的柳永,"碰了钉子后没有像大多数文人那样转向山水,而是转向市井深处,扎到市民堆里……"①市井生活、与心上人的情感,成为政治失意的柳永的唯一精神慰藉。作本词时,正值柳永四考落第,又无奈要和心爱之人分别,自身不幸的遭遇已经令词人身心俱疲,自己精神的依托又即将失去,词人怎能不黯然神伤?正如著名诗人流沙河所说:"要知道,旧时代如长夜,黑暗使人孤独,孤独使人凄凉,对那些福薄命蹇的诗人说来,尤其是这样。幸有友情如灯,幸有爱情如火,得以相照相暖。一旦离别风起,灯熄火灭,比原先的黑暗更黑暗,比原先的孤独更孤独,比原先的凄凉更凄凉。"②对于此时的柳永而言,离别的风已经吹熄了他爱情的火把,吹倒了他精神上的支柱,他只能独自品尝比孤独更孤独的孤独、比凄凉更凄凉的凄凉。词中有离别之苦、人生之痛、前路之忧,词人是借离别之情浇胸中块垒。

《贺新郎》中毛泽东同样诉说了离别之情,有"更那堪凄然相向"的悲伤与苦楚,有"汽笛一声肠已断"的不舍与心痛,有"从此天涯孤旅"的孤寂与无奈……然而,伟人就是伟人,毛泽东并没有拘泥于离别的哀伤与悲痛。在分别之际一句"凭割断愁丝恨缕"便将词境界宕开。"凭"是什么意思?请。请谁呢?请"我",请"你",请"我们"。请"我们"割断这些离愁别绪吧,"割断"一词说得坚决笃定,毫不拖泥带水。"丈夫非无泪,不洒离别间。"(陆龟蒙《别离》)此处并非词人无情,而是词人"国尔忘家"的博大胸怀使然,更是在为下文抒发豪情壮志蓄势。

词人在离别之际要"凭割断愁丝恨缕",原因何在?"人有病,天知否?"一句非常耐人寻味,我们不禁要思考:"人"是何人?"病"为何病?"人有病"有何深意?这首词写于1923年,当时的中国正处于军阀混战时期,整个国家混乱不堪,经济衰颓,民不聊生。词中提到的"人"是生活在社会底层的劳苦大众,"病"是人民的苦痛,社会的弊病,人间的疮痍。面对病态的社会、民众的疾苦,作者向浩渺的苍穹发出警世的慨叹"天知否?"敢问苍天:你知道多少人生活在水深火热之中吗?你知道如今的社会是何其黑暗吗?然而,词人也明白"天意从来高难问",他不是在向上天寻求答案,而是愤慨宣泄自身的情感。正因为"人有

---

① 梁衡:《千秋人物》,北京联合出版公司,2015年,第215页。
② 《流沙河诗话》,四川文艺出版社,1995年,第42页。

病"而"天不知",词人才选择离别,才会在离别之际抛开一己之"愁",去思考如何拯救大众之"病"、社会之"病"。

词人说"凭割断愁丝恨缕"还有一个原因,是他清楚地明白自己的妻子是理解他支持他的,因此词人才会说"过眼滔滔云共雾,算人间知己吾和汝"。毛泽东定义的"知己",不仅仅是在个人情感天空下的比翼双飞,更是"要似昆仑崩绝壁,又恰像台风扫寰宇。重比翼,和云翥",要在像昆仑山的峭壁倒塌、台风扫荡寰宇一样的革命斗争中比翼翱翔,直冲云霄;不仅仅是柳永词中的情感寄托,心灵慰藉,更是革命事业上的志同道合,斗争道路上的相互扶持。杨开慧也真的用自己的实际行动甚至是生命为词中的"知己"做了最好的注释。杨开慧1920冬与毛泽东结婚。1921年加入中国共产党后,一直追随毛泽东从事革命活动。1930年10月24日被捕,面对威逼利诱、严刑拷打,她坚贞不屈,大义凛然:"砍头只像风吹过!死,只能吓胆小鬼,吓不住共产党人!"[1]敌人逼问她毛泽东的去向,要她公开宣布与毛泽东脱离夫妻关系,她斩钉截铁地回答:"要我与毛泽东脱离关系,除非海枯石烂!"[2]1930年11月14日,杨开慧英勇就义,年仅29岁。

毛泽东的《贺新郎》"偏于豪放,不废婉约",既缠绵悱恻,又情真意高,凄凉中见雄壮,离别外有深意,既是离别的深情倾诉,又是爱情的铮铮誓言,更是革命的豪情壮志。

---

[1] 《杨开慧》,《人民日报》,2005年5月28日。
[2] 《杨开慧》,《人民日报》,2005年5月28日。

深情与理性的碰撞

——《迷娘(之一)》《树和天空》比较鉴赏

统编版高中语文教材选择性必修中册第四单元选取了不同国家、不同风格的四首外国诗歌,就如该单元的学习提示指出的一样,"四首外国诗歌,风格多样,各臻其美,让我们领略诗歌世界的丰富多彩"。以歌德的《迷娘(之一)》和特朗斯特罗姆的《树和天空》为例,两首诗歌有着各自鲜明的特色,前者是深情的倾诉,后者是理性的思考。

一、深情而热烈的《迷娘(之一)》

迷娘是《威廉·迈斯特的学习时代》中的小姑娘,出生在意大利,有着复杂的身世和悲惨的遭遇。她从小就被拐卖到异国他乡,后被威廉解救,成为他漫游途中的同伴。《迷娘(之一)》是迷娘为威廉唱的一支歌,其中蕴含着对故乡的无限思念、回乡的强烈愿望以及对威廉难以言明的恋慕情愫。

诗歌巧妙地将情感寄托于三个场景——"那柠檬花开的地方""那所房子""那云径和山岗"。"那柠檬花开的地方"是迷娘故乡的象征,那里景色迷人,令人向往。诗歌第二小节,视角再次聚焦,将目光投向了"那所房子","圆柱成行""厅堂辉煌"是意大利建筑的典型特征,故乡的印记更为立体,更为清晰。迷娘甚至想象她回到那所房子时温情的一幕,就连冰冷的大理石立像都对她深情凝望,关心地向她发问。"那云径和山岗"则隐喻了返乡之路,到处是迷雾、岩洞、古老龙种、危崖、瀑布,山势险峻,路途坎坷,危险丛生,返乡艰难。诗歌三个小节的后半部分是主人公浓烈情感的直接宣泄。

炽烈的情感和巧妙的抒情艺术是这首诗歌最显著的特征,通过改写、对比我们可以更为明晰地感受到本诗的特点。

原诗:

你知道吗,那柠檬花开的地方,

茂密的绿叶中,橙子金黄,
蓝天上送来宜人的和风,
桃金娘静立,月桂梢头高昂,
你可知道那地方?
前往,前往,
我愿跟随你,爱人啊,随你前往!

你可知道那所房子,圆柱成行,
厅堂辉煌,居室宽敞明亮,
大理石立像凝望着我:
人们把你怎么了,可怜的姑娘?
你可知道那所房子?
前往,前往,
我愿跟随你,恩人啊,随你前往!

你知道吗,那云径和山岗?
驴儿在雾中觅路前进,
岩洞里有古老龙种的行藏,
危崖欲坠,瀑布奔忙,
你可知道那座山岗?
前往,前往,
我愿跟随你,父亲啊,随你前往!

改写:
那柠檬花开的地方,
茂密的绿叶中,橙子金黄,
蓝天上送来宜人的和风,
桃金娘静立,月桂梢头高昂;
那所房子圆柱成行,
厅堂辉煌,居室宽敞明亮,

大理石立像凝望着我；
那云径和山岗，
驴儿在雾中觅路前进，
岩洞里有古老龙种的行藏，
危崖欲坠，瀑布奔忙，
我愿跟随你，随你前往！

原诗运用反复的艺术，"你可知道那地方""你可知道那所房子""你可知道那座山岗"，反复咏唱，把迷娘对故乡的思念之情表达得更加强烈、深沉、绵长。"前往，前往"单独成行，突出强调，并且反复出现，是焦急的催促又是深沉的呼唤，把心中无法自抑的感情推向极致，其中蕴含着浓浓的思念、无限的向往以及尽管前路艰难却仍然前往的坚定，情感一层比一层浓烈。三个"前往"关涉的对象都是威廉，却用了三个不同的称呼——"爱人""恩人""父亲"，表现出迷娘对威廉复杂的情感，有浓浓的依恋，有深深的感激，有无限的信任。第二人称"你"的运用，更加有利于情感的抒发。"你"既指威廉，又指向了作为读者的我们，诗歌既是对威廉的真情吐露，也仿佛是在对我们深情地诉说。此外，原诗的韵脚更为和谐，读来朗朗上口，富有节奏感、音乐感，形成了一种回环往复的美。

这种复杂情感的背后是歌德浓浓的意大利情结。歌德对意大利充满着无限的向往，因此他把自己对意大利的艺术、文化、宗教等的感受与理解集中表现在了迷娘身上，使迷娘成为歌德的"南国情怀"的一个人格化的寄托。《迷娘（之一）》创作完成时，歌德还没有去过意大利，但他一直致力于营造一个"文学的意大利"，因此这首诗可以说是歌德对那个无限向往的南方国度最多维、最全面、最深情的文学想象。

二、理性而神秘的《树和天空》

《树和天空》没有像《迷娘（之一）》那样用多样的手法抒发自己炽烈的感情，这首诗是一种超现实的思考和深沉的领悟。我们可以用《迷娘（之一）》的表现方式来改写《树和天空》，进而体会两首诗风格的差异。

原诗：

一棵树在雨中走动

在倾洒的灰色中匆匆走过我们身边
它有急事。它汲取雨中的生命
就像果园里的黑鹂

雨停歇。树停下脚步
它在晴朗的夜晚挺拔地静闪
和我们一样它在等待那瞬息
当雪花在空中绽开

改写：
你看到了吗，那眼前的雨景
灰色倾洒，行人匆匆
身边的一棵树
如同果园的黑鹂
汲取雨中的生命

你看到了吗，那雨后的晴空
夜晚明朗，树挺拔安静
我们在等待，等待
那一瞬间
雪花绽放在空中

通过对比，我们能够清晰地感受到《树和天空》的特点：叙事主体独特，想象新奇，语言凝练。《树和天空》中作者从"树"的视角入手，"树"是真正的主体，"树"会"在雨中走动"，会"匆匆走过我们身边"，会"有急事"，会"停下脚步"，会等待雪花在空中绽开。"我们"不再是世界的中心，世界也不再是"我们"定义的世界，"我们"只是"树"的世界中的一部分，是"树"的世界的旁观者。在等待雪花绽开的那一瞬间，"树""我们"以及周围的一切又是平等、融洽的。诗中蕴含了特朗斯特罗姆与众不同的自然观，诗人以平等的视角，以对自然的敬畏之心，去审视自然中的万物，去歌颂自然隐秘而强大的生命力，擦亮自然的神秘光芒。因此，有人说托马斯·特朗斯特罗姆通达了自然与灵魂的道路，弥合了万物之间的缝隙。

特朗斯特罗姆对诗歌有着独特的认知,他认为"诗是对事物的感受,不是再认识,而是幻想。一首诗是我让它醒着的梦。诗最重要的任务是塑造精神生活,揭示神秘"①。《树和天空》很好地诠释了他的这一诗歌理念,意在通过幻想来塑造精神生活,揭示神秘。因此,它没有像《迷娘(之一)》一样借助人称词,运用反复的手法,通过抒情性的语言来表达自己现实世界中的感情;而是运用新奇的想象,颠覆日常的生命体验,为我们打开一个在现实之外的更加神秘、更加梦幻的世界。《树和天空》不再是单纯的现实中的真实感受,不再是一般意义上的情感表达,也不再是寻常的理性分析,而是在追求一种独特的审美体验和超越现实生活的生命感悟。极度凝练的语言增加了诗境的神秘感,不仅给我们带来强烈的感官冲击,而且带给我们更广阔的想象空间和更大的感受自由。

两首诗歌虽然运用了截然不同的表现形式,但是它们的背后都指向了诗人附着的浓烈个人色彩的感悟和思考。正如徐复观先生所说:"真正好的诗,它所涉及的客观对象,必定是先摄取在诗人的灵魂之中,经过诗人感情的熔铸、酝酿,而构成他灵魂的一部分,然后再挟带着诗人的血肉(在过去,称之为'气')以表达出来,于是诗的字句,都是诗人的生命;字句的节律;也是生命的节律。"②

---

① 《诗是对事物的感受,不是再认识,而是幻想——李笠与特朗斯特罗姆的对话》,《诗歌月刊》,2009年第6期。
② 徐复观:《传统文学思想中诗的个性与社会性问题》,《中国文学论集》,九州出版社,2014年,第79—80页。

第三章
文本细读教学价值微探

一、文本细读：语文阅读教学开展的必要方式

（一）当前语文阅读教学中存在的问题分析

语文阅读教学强调对语言表达及内在逻辑的深度感知，对文本内容和情感的深层理解，对阅读思维的深刻领悟。反观语文阅读教学的现状，很多情况下缺乏真正的阅读，更缺少深度的阅读。

当前语文阅读教学面临着"后有追兵，前有堵截"的困境，所谓"后有追兵"是指传统的阅读教学观念仍然存在，甚至说是普遍存在。主要表现为以下几个方面：

1. 全面而肤浅的阅读教学

这类阅读教学将词语、结构、主题、艺术手法、时代背景等全部机械地、模式化地呈现在课堂之上，不关注文本特点，不分析具体学情，不突出教学重点，看似面面俱到，实则面面不到。

2. 结论导向的阅读教学

"结论教学"是黄厚江老师提出的一个概念，这类教学的目的就是让学生接

受既定的结论,学习的过程也成了寻找结论的过程。江苏省语文特级教师黄厚江老师指出了这类教学常见的三种做法:"结论传递""结论推导""结论印证"。这种现象在现在的阅读教学中仍然存在,严重束缚了学生的思维,导致了阅读教学中真正的阅读的缺失。

3. 教师主体的阅读教学

虽然学生的主体地位一再被强调,但是目前的语文阅读教学中仍然存在"满堂灌"、机械地传递经验的现象。教师的阅读代替了学生的阅读,教师的思考取代了学生的思考,学生得到的只是教师的阅读结论,而无法形成自己的阅读经验,无法建构自己的阅读思维。

上面所说的"追兵"是语文阅读教学中的积习弊病,是语文教学界多年来一直批判的问题,我们不做赘述。所谓"前有堵截"是指新课改理念对语文阅读教学提出了更高的要求和更大的挑战。很多人在践行新理念时产生了偏差,脱离了阅读教学的本质。

1. 情境任务教学

《普通高中语文课程标准(2017年版2020年修订)》(以下简称"新课标")明确提出了"学习任务群"的概念,很多教师也在努力实践这一理念。学习任务群导向下的学习,更加注重整体规划,突出多要素的有机整合,强调任务驱动,倡导以积极主动的语文实践构建学习活动。学习任务群导向下的阅读教学需要解决的一个非常重要的问题,就是设置科学的学习任务驱动学生学习。新理念下,学习任务的设置特别强调其"情境性"。情境任务创设的出发点在于让学生学习"真实"的语文,"真实"地学习语文。但是,在课堂实践中,不少教师设置任务情境时,仅仅是在"形"上下功夫,而忽略了"神"的落实,过于追求任务情境的创设,却忽略了对文本的深入挖掘,有的连文章尚未读懂,就忙着去完成任务。

温儒敏教授在新教材使用之初提及学习任务时就表达过自己的担心:"我们也担心这样的设计可能会导致另外一种弊端,那就是学生对课文特别是难度较高的经典课文还没有认真读懂,就奔着'任务'去了,很可能就是从网上找些材料拼贴一下'交差'。还担心如果把经典课文降格为完成某个任务的'材料'

和'支架',有可能窄化了对经典课文丰富内涵的理解,造成阅读的表面化、肤浅化。"[1]事实证明,他的担心并不是多余的,目前很多刻意追求情境任务的课堂呈现出两个突出的问题:一是情景任务是"模拟的""虚拟的",甚至是"虚伪的"[2];二是文本解读的浅表化。

真实的情境任务应该有两层含义:情境的生活化和情感的积极性。"情境的生活化"是指情境任务的设置应该和生活实际密切相关,具有真实性;"情感的积极性"则是指情境任务应该是学生熟悉的、贴近学生实际的,应该和学生维系着一种积极的情感关系,这种积极的关系可以让学生产生学习的动机和兴趣。笔者不止在一堂课上听到过这样的任务设定"假如要把这篇文章拍成电影,作为一名导演,你会……","导演"这一情境角色和学生存在很大距离,两者缺少积极的情感关系,不利于激发学生的学习兴趣。

语文阅读教学中情境任务的达成,仍然要以文本阅读为基础。王荣生教授曾说,如果离开了学科阅读和学科写作的指导,有些情境任务使"学生都几乎寸步难行","'问题情境'中的探究学习,或将沦为充饥之画饼"[3]。

2. 群文阅读教学

随着群文教学概念的盛行,很多教师认为单篇教学是落后的、过时的,而群文教学是高效的、先进的。不可否认,群文阅读更关注学生的阅读数量和速度,对学生阅读素养的建构有非常积极的意义。然而,过分强调群文教学,甚至因此否定单篇细读是不可取的。褚树荣老师对此有非常精当的分析:"群文阅读只有在专题学习中才有存在的价值,群文阅读不是应景而设,不应追逐潮流。"[4]

群文阅读教学至少有三重潜在含义:一是文本数量不是单一的;二是文本之间有结构性关系,如关联性、比较性、递进性、差异性等;三是能够围绕特定议题展开阅读并深入探究。由此可见,群文阅读教学的过程应该伴随着联系、整

---

[1] 温儒敏:《"学习"与"研习"——谈谈高中语文"选择性必修"的编写意图和使用建议》,《中学语文教学》,2020年第8期。

[2] 黄华伟:《听出这一堂语文》,《语文教学通讯》,2021年第4期。

[3] 王荣生:《略述"问题情境"中的探究学习——基于相关译著的考察分析》,《中国教育学刊》,2021年第3期。

[4] 褚树荣:《群文阅读教学亟须解决两极摇摆问题》,《中学语文教学》,2021年第1期。

合、比较、辨析、推断、批判等行为,这些都应是以文本细读为基础的。

薛琦老师将统编版高中语文教材必修下册第二单元的《窦娥冤(节选)》《雷雨(节选)》《哈姆莱特(节选)》三篇戏剧进行群文阅读①,取得了非常好的效果。这堂课主体环节有两个:"精读片段理冲突"和"品读字句识感情"。从两个环节的设置来看,虽然是群文阅读,但仍然是以文本细读为基础的。特别是在"品读字句识感情"这一环节中,薛老师对窦娥的三个"怨"、周朴园的七个"好"和哈姆莱特的五遍"出家去吧"进行了文本上下和文本之间的比较,很好地完成了群文阅读的任务。

反观目前很多所谓群文阅读的课堂,实际上是有名无实的,更多的是简单的信息筛选、强硬的内容关联、肤浅的文本比较,仅仅是为"群文"而"群文",只见"群文"不见"阅读",只是在文本浅表化层面滑行,缺乏深入文本肌理的阅读,背离了群文阅读的本质。

3. 大单元、大概念教学

大单元、大概念的理念意在破除教学的"碎片化"。然而,很多教师对大单元、大概念的认知存在误区,这两个概念有共同之处,也存在差异。大单元中的"大"强调的是整体性,大概念中的"大"强调的是综合性。

在语文阅读教学中,不少大单元教学的课堂已经表现出了比较明显的问题。大单元阅读教学必然涉及多文本的整合,操纵多文本进行教学时多数教师力有不逮,特别是有些文本,如"科学与文化论著研习"单元中马克思、柏拉图的文章,以及一些篇幅较长、理解难度较大的文言文,单篇解读都存在很大的难度,毋论大单元教学。此外,教材所选的文本都是经典,都值得深入品味咀嚼,如果在大单元阅读教学中找不到文本之间合适的契合点,不利于文本个性的彰显。

大概念的理念强调综合性,就学科性质而言,落地于语文课堂仍需要一个长期实践、验证、磨合的过程。孙绍振教授甚至表达出一种担忧:"语文课本中人文性质的文章和文学经典并不属于自然科学的'知识',用自然科学的'知识'(大概念)来整合人文作品,自然凿枘难通。从辩证法的基础对立统一而言,综

---

① 薛琦:《《窦娥冤》《雷雨》《哈姆莱特》群文阅读》教学设计》,《中学语文教学》,2020年第5期。

合与分析统一才是全面的,单纯强调综合,则必然导致片面、表面。"①

阅读教学的根本永远都是阅读,永远都是在关照文本解读各要素下对语言文字的咀嚼品味。不管是什么理念的提出,都要服务于阅读,其最终目的都应是让学生更好地深入文本,更好地生成阅读经验,更好地形成阅读思维,就如温儒敏教授所言:"'语言建构与运用'带有语文课程的本质规定性,也是语文课程的基础,教材的使用要立足于语言文字的运用……无论怎么改革,采用什么新的教学形式,都不能脱离语文的本质规定性。"②

(二) 对基于文本细读的阅读教学的几点思考

1. 尊重文本的自身特点,注重阅读教学的过程

就阅读教学而言,最重要的不是阅读结论的得出,而是阅读过程中形成的阅读经验和阅读思维。从这个意义上来讲,阅读教学过程的价值大于阅读结论。

注重阅读教学过程的一个重要表现就是尊重文本解读的多元化和开放性。文本往往由多个侧面构成,具有多层次结构,经典文本还具有丰富的内涵。阅读时要在尊重文本的前提下,允许不同声音的存在,尊重多元化、个性化的解读。阅读的多元化和个性化往往是基于文本的不同特质进行细读的结果。鲁迅先生在提及不同人对《红楼梦》的解读时就曾说:"经学家看见《易》,道学家看见淫,才子看见缠绵,革命家看见排满,流言家看见宫闱秘事……"正因如此,才有了"红学"的产生。值得注意的是,提倡多元解读,也要避免走向极端,不能为求新、求异而曲解文本的内容,背离作者的写作意图。

2. 尊重阅读教学的本质,平衡各要素间的关系

基于文本细读的阅读教学是学生、教师、文本之间对话的过程,是教师的阅读经验和学生的阅读体悟碰撞共生、共同走向文本深处的过程。因此,在教学

---

① 孙绍振:《再论"大单元/大概念":理论方法和战略前途(上)》,《语文建设》,2023 年第 1 期。
② 温儒敏:《"学习"与"研习"——谈谈高中语文"选择性必修"的编写意图和使用建议》,《中学语文教学》,2020 年第 8 期。

中需要处理好"教师—文本""学生—文本""教师—学生""学生—学生"等几组关系。"教师—文本"的关系是阅读教学的前提;"学生—文本"的关系既是教学的主体环节,又是教学的最终目的;"教师—学生""学生—学生"的关系则是教学目的达成的路径。教学实施之前,教师必须对文本有深入的解读,"教师—文本"的关系会直接影响"教师—学生"交流的有效性,教师只有吃透文本,才能针对学生的疑问提供切实的教学指导。教学的展开应该以学生和文本对话时产生的疑惑为基础,教师将自己对该文本阅读经验与学生的阅读困惑进行碰撞,确定阅读教学的内容。教学的最终落脚点是学生通过"学生—文本""教师—学生""学生—学生"的三重对话,生成阅读体验,形成阅读思维,并应用到阅读实践中去。

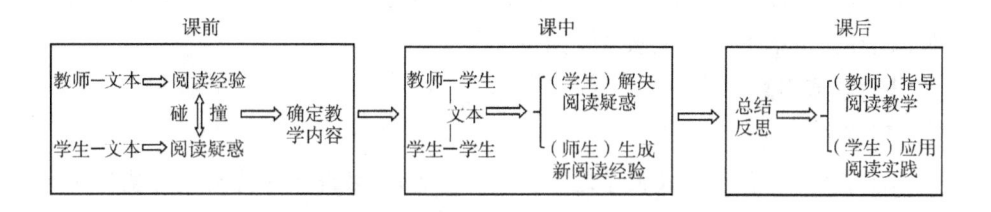

```
课前                          课中                       课后
教师—文本⇒阅读经验        教师—学生  (学生)解决      总结   (教师)指导
      碰撞  ⇒确定教      ⇒   文本   阅读疑惑   ⇒  反思 ⇒  阅读教学
学生—文本⇒阅读疑惑          学生—学生 (师生)生成            (学生)应用
                                    新阅读经验            阅读实践
```

3. 尊重语文的学科属性,坚守阅读教学的边界

学科教学承担着"立德树人"的使命,已经成为一种共识。新课标又明确提出了语文学科的核心素养"语言建构与运用""思维发展与提升""审美鉴赏与创造""文化传承与理解"。然而,在新的理念落地的过程中,很多课堂出现了严重的偏差,有的强硬地"拔高课堂"以凸显"立德树人"理念,呈现的结果更像是政治课、历史课;有的则盲目地"拓展课堂"以体现对"审美""文化"的落实,结果上成了审美鉴赏课、文化课……语文课堂的性质变得朦胧起来,语文学科的边界变得模糊起来。

文本细读由于细读原点选择的不同,会呈现出文本解读的多元化和开放性,基于文本细读的阅读教学也会呈现"百花齐放"的局面。但值得注意的是,基于文本细读的阅读教学是"戴着镣铐的舞蹈",这里的"镣铐"就是语文的学科属性。基于文本细读的阅读教学在选取教学的切入点时,在落实"立德树人"理念和语文学科的核心素养时,应该遵循的基本原则便是坚守阅读教学的边界,坚守语文的边界。

案例：《永遇乐·京口北固亭怀古》课堂实录

【教学设想】

本词文本艰深，词人将自己复杂的情感蕴含于对北固亭环境的描写和众多典故之中，因此，赏析对北固亭的描写、挖掘典故的内蕴便成为本词细读的切入点。基于这种考虑，本节课的设计重在赏读结合。赏，意在明意。在上、下阕的学习中，各设计一个符合学生认知水平的问题组，由浅入深、环环相扣，让学生感受北固亭的特点，挖掘典故的内涵，从而为体悟词人的情感打下基础。读，意在悟情。不同形式的读贯穿课堂始终，自读、齐读、默读、范读……逐步拉近学生与文本的距离，深化学生对文本的认知；读准字音、读清句读、读懂文意、读出情感……层层深入，引导学生走入作者的情感世界，并通过对词人经历的补充，让学生在文本细读中真正领悟爱国情怀。

【教学流程】

环节一：导入

师：同学们，初中时我们学过辛弃疾的一首词《破阵子·为陈同甫赋壮词以寄之》，我们一起回顾一下好吗？

生：好。

师："醉里挑灯看剑……"

（生齐背。）

师："了却君王天下事，赢得生前身后名。可怜白发生！"词人杀敌报国的渴望和壮志难酬的无奈溢于言表。写完这首词五年之后，两鬓苍苍的词人登上京口北固亭，北望被敌人铁蹄践踏的大好河山，感慨万千，写下了著名的《永遇乐·京口北固亭怀古》。今天我们一起学习这首词，再次感受词人的爱国情怀。

（板书：课题、作者）

环节二：读准字音，读清节奏

师：诵读是鉴赏诗词的重要方法，我请一位同学诵读全词，其他同学认真听，注意他读的字音、节奏是否和你理解的一样。

（生读。）

师：大家对这位同学读的字音和节奏有没有不同的理解？

生:"封狼居胥"的"胥"应该读一声。

师:听得非常认真。还有吗?

(生沉默。)

师:刚才我注意到这位同学对"封狼居胥"一句的断句是"封狼/居胥",大家快速看一下注释,这么断合理吗?

生:应该是"封/狼居胥"。

师:为什么?

生:狼居胥是山名。

师:对,大家在"封"后面划一道斜线,我们齐读一遍这一句,加深印象。

(生齐读。)

环节三:标划字词,读懂文意

师:好诗不厌百回读。下面给大家两分钟时间,结合注释自读全词,标划出不懂的字词。

(生读。)

师:谁有疑问?

(生迟疑。)

师:勇于提出疑问是迈向成功的第一步。

生:"人道是"是什么意思?

师:谁来帮帮他?

生:人们说。

师:非常好,谁还有疑问?

生:望中犹记。

师:这个问题非常有深度。"望中"现在还有不同的理解,一种是"望中原",一种是"回望中"。

师:还有疑问吗?

(生沉默。)

师:哦,大家没有疑问了。老师有个疑问,请大家帮我解答一下。(生诧异。)词中有这么一句"可堪回首","可堪"怎么解释?

生:可以。

师:哦,"可堪回首"能不能理解成"可以回首"呢?我们看一下"可堪回首"

161

我读我思
——高中语文教学文本细读与思考

的是什么？

生：佛狸祠下，一片神鸦社鼓。

师：大家看注释，"佛狸祠"是什么呢？

生：北魏太武帝打败刘义隆军队后建立的行宫。

师：可以说佛狸祠是外族入侵后的遗迹。那么，"可堪回首"是"可以回首吗"？

生：不是。

师：应该是……

生：不堪回首。

师：非常好，应该是不堪回首、怎堪回首。

环节四：品味鉴赏，读明情感

师：题目是诗文的眼睛。哪位同学能够结合本词的题目以及对文意的理解，用一句话概括本词的内容？

生：作者登上北固亭怀念过去的人和事。

师：怀念过去是为了干什么？

生：抒发自己的感情。

师：这位同学一语中的，不仅为我们理清了文章的内容，而且把怀古诗的一般行文思路也总结出来了，即临古地—忆古人—抒己怀。

（板书：临古地—忆古人—抒己怀）

师：下面我们就循着这个思路，一起来赏析词的上阕。词人登临古地看到了一个怎样的北固亭？大家先自读词的上阕，在文中标出描写北固亭的句子，然后概括特点。

（生思考。）

师：哪位同学自告奋勇来回答这个问题？

生：我标出了三处：舞榭歌台、斜阳草树、寻常巷陌。

师：好，体现了北固亭什么样的特点呢？

生：苍凉。

师：怎么体现出来的？

生：演出歌舞的楼台都湮没在风吹雨打中，不复存在，所以很苍凉。

师："那么"斜阳草树"一句该怎么理解呢？

（生沉默。）

162

师:"斜阳草树,寻常巷陌"是什么意思?

生:斜阳之下,长满草木茂盛的小巷。

师:这样的景色是不是和我们刚才说的苍凉矛盾呢?

(生沉默。)

师:杜甫的《春望》大家学过吧,前两句怎么说?

生:国破山河在,城春草木深。

生:哦,写草木的茂盛是为了衬托北固亭的苍凉。

师:非常棒!其实,北固亭还有一个特点就是历经沧桑,本词的一开始作者用"千古"而不用"千里",着眼于时间之久而不是空间之广,意在说明北固亭经过历史烟云的洗礼。词人登临古地,面对如此沧桑衰败的北固亭想到了谁?

生:孙权、寄奴。

(板书:孙权、寄奴)

师:词人为何会想到他们?他们有何共同之处?

生:都在北固亭建立过功业。

师:抒发了词人对这两人怎样的情感?先找出相关语句,然后具体分析。

生:敬佩、仰慕,从"英雄""风流",我想到了"数风流人物,还看今朝",能看出作者对孙权的敬佩和仰慕,"金戈铁马,气吞万里如虎"用一个比喻句写出了刘裕当年的英雄豪气,能看出对刘裕的歌颂。

师:分析得太透彻了,你已经和辛弃疾产生共鸣了。那么,你能不能用声音将对英雄的这种敬意表达出来?读一下"想当年,金戈铁马,气吞万里如虎"这一句。

(生读,声音较小、缺乏气势。)

师:这一句是描写战争场面,刚才听到你读,我感觉是一种打败仗的感觉,(生笑)能不能打个胜仗让大家感受一下?声音大一点,读出气势。

(生读,声音、语调把握较为到位。学生集体鼓掌。)

师:领悟得非常快,有鏖战沙场的感觉了。除了敬佩仰慕之情,还有其他感情吗?

生(小声):遗憾、惋惜。

师:大胆地说出自己的观点。哪些词句可以看出来?能不能具体分析?

生:"英雄"如今已无觅处了,"风流"也都被雨打风吹去了,"金戈铁马,气吞

我读我思
——高中语文教学文本细读与思考

万里如虎"也不过是想当年的事情了。

师：堪称稼轩知音！词人在上阕表达了对英雄人物的仰慕，但更多的是悲叹"英雄无觅"。

投影：词人登临古地，

看到了一个<u>沧桑衰败</u>（特点）的京口北固亭

想到了<u>孙权、寄奴</u>（人物）

抒发了<u>仰慕、惋惜</u>之情

（板书：一叹英雄无觅）

师：下面我们把这种仰慕和惋惜的情感融入词中，齐读上阕，读的时候一定要坐直身子，抬起头来，这也是对词人的一种尊重。

（生齐读。）

师：词人登临古地，看到了一个沧桑衰败的北固亭，想到了孙权和刘裕两位英雄人物，表达了自己的敬佩和惋惜之情。这种引用古人古事来使自己的诗文丰富而含蓄并借以抒发自己情感的手法称为用典。词人在上阕中连用两个典故，似乎还不尽兴，在下阕中继续用典。请大家速读词的下阕，结合注释，找出下阕用了几个典故，先找出人名，标上序号。

（生自读。）

师：运用了几个典故？

生：三个，刘义隆、佛狸祠、廉颇。

（板书：刘义隆、佛狸、廉颇）

师：下阕的三个典故讲述了什么故事呢？词人运用这三个典故用意何在？下面我们进一步走进文本，按照下面的形式赏析下阕中的三个典故。

投影：请按以下形式分析这三个典故。

谁？_____

做了何事？_____

结果怎样？_____

用意是？_____

要求：自主思考2分钟，以小组为单位交流4分钟，然后推荐代表展示。

（生思考、交流。）

师：哪个小组愿意和大家分享你们的成果？

生：第一个典故，人物是刘义隆，事情是出师北伐，结果失败了。用意是借这个典故来咏叹张浚草率出师北伐。

师：老师感觉"咏叹"这个词不妥，能不能换个严厉一点的词。

生：批判。

师：言简意赅。还能不能继续分析？

生：廉颇的典故是说廉颇渴望建功立业却不被重用，用意是对人才的惋惜。

师：对典故的用意，有不同意见吗？

生：我认为作者是拿廉颇自比。

师：自比！这两个字太关键了，既然是"自比"，两人肯定有相同之处，词人和廉颇有哪些相同之处？

生：年老，渴望为国效力却不被重用。

师：非常好。作者运用这个典故意在感叹报国无门。

（板书：三叹报国无门）

师：我们齐读这几句，读得低沉一些、语速要慢一些，读出这种报国无门的愤懑。

（生齐读。）

师：哪个小组来分析第二个典故？

（生沉默。）

师：这个典故确实比较难理解，老师和大家一起分析吧。我们知道"可堪回首"就是不堪回首，作者不堪回首的是什么呢？大家在书上标出两个词"扬州路""佛狸祠"，然后结合注释理解。

（生结合注释自读。）

师：通过注释我们知道，不堪回首的是四十三年前的金人入侵扬州路的烽火，是北魏太武帝入侵的往事。入侵者的足迹仍清晰可见，而此时的人们的表现是怎样的呢？用文中的一句话回答。

生：一片神鸦社鼓。

师：对，百姓在祈神，赛社。他们早已经不记得当年的耻辱了。此处表现了作者对百姓的什么情感？

生：批判。

师：我感觉这个词用在百姓身上重了些。

生:失望。

师:这个词用得好,我们能读出作者对百姓忧患意识淡薄的失望和悲叹。然而"商女不知亡国恨,隔江犹唱后庭花",百姓的淡忘与麻木,从另一个层面也折射出当时统治者的态度。那么,我们可以感受到作者对统治者持什么样的情感呢?

生:失望。

师:哦,还是失望?我感觉应该更严厉一点。

生:讽刺。

师:非常棒,其实怀古诗常用的一种手法就是借古讽今。不管是对百姓的失望还是对统治者的讽刺,词人情感最终的落脚点是对国家命运的担忧。

(板书:二叹国运艰难)

师:怀着这种忧国之情我们把这两句齐读一遍。

(生齐读。)

师:全词共运用了五个典故,在五个典故中词人发出三声长叹,爱国之情涌动其中。

(板书:爱国)

爱国是辛弃疾一生的主旋律,请位同学读一读这几段文字。

投影:辛弃疾一生主张抗金,提出抗金建议,均未被采纳,且遭主和派打击,长期落居闲职。

本词作于词人66岁时,词人虽被任命为镇江知府,也在抗金前线,却只是一个闲职。

67岁时,词人在悲愤中离世,死前大喊"杀贼!杀贼!杀贼!",凄厉的声音刺破了苍穹。

(生读。)

师:从这些文字中,我们可以深刻地体会到辛弃疾的爱国之情。带着这份浓浓的爱国之情,我们大声诵读词的下阕。大家还是要坐直身子,抬头,以同样的姿态仰望辛弃疾。

(生齐读。)

师:梁衡曾用这样一段文字描写辛弃疾,我们齐读一遍。

投影:他本来是以身许国,准备血洒大漠、马革裹尸的。但是南渡后他被迫脱离战场,再无用武之地。像屈原那样仰问苍天,像共工那样怒撞不周,他临江水,望长安,登危楼,拍栏杆,只能热泪横流。

此时的辛弃疾失去了钢刀利剑,就只剩下一支羊毫软笔,他也再没有机会奔走沙场,血溅战袍,而只能笔走龙蛇,泪洒宣纸,为历史留下一声声悲壮的呼喊、遗憾的叹息和无奈的自嘲。

(生齐读。)

师:辛弃疾的战场是没有硝烟的,一颗拳拳的爱国之心是他唯一的武器,66岁,他拖着羸弱的身体登上这沧桑衰败的北固亭,望着被敌人铁蹄践踏的大好河山,回首英雄业绩,悲叹自身境遇,感慨万千,不禁仰天长叹……

(师配乐《霸王卸甲》有感情地诵读,生不由自主跟着齐背。)

师:虽时隔千年,但词人登临远眺的身影仍在我们眼前浮现,词人的一声声忧国忧民的长叹仍在我们耳旁回荡。本节课的最后,用一段文字和大家共勉,同时来表达对辛弃疾的敬仰。

投影:辛词比其他文人更深一层的不同,是他的词不是用墨来写,而是蘸着血和泪涂抹而成的。我们今天读他的词,总是清清楚楚地听到一个爱国臣子,一遍一遍地哭诉,一次一次地表白;总忘不了他那在夕阳中拍栏远眺、望眼欲穿的形象。

辛弃疾,你忧愁的身影定格在历史长廊,你爱国的情怀化为一股热泪,洒遍祖国山河。你终将化为一颗最为闪亮的明星,永远闪耀在历史的舞台,永远为我们指明家国的方向!

(生齐读。)

师:下课!

板书设计:

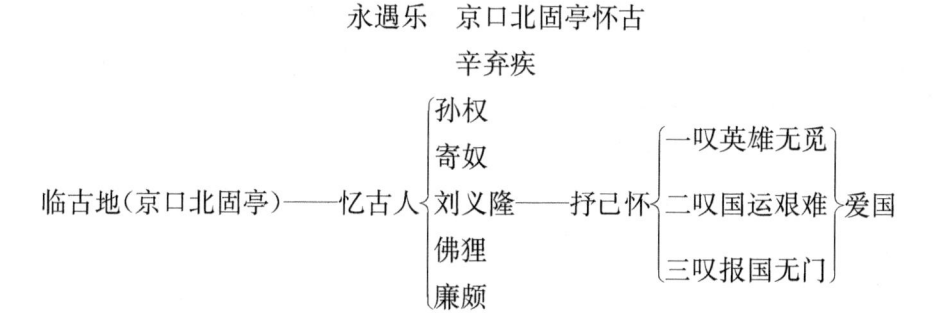

永遇乐　京口北固亭怀古
辛弃疾

临古地(京口北固亭)——忆古人 { 孙权 / 寄奴 / 刘义隆 / 佛狸 / 廉颇 } ——抒己怀 { 一叹英雄无觅 / 二叹国运艰难 / 三叹报国无门 } 爱国

二、文本细读:学科核心素养落地的有效路径

《中国高考评价体系》明确指出,学科素养作为"一核四层四翼"中的"四层"之一,是高考必然考查的内容。新课标对学科核心素养做了具体的阐释,"学科核心素养是学科育人价值的集中体现,是学生通过学科学习而逐步形成的正确价值观、必备品格和关键能力",并清晰界定了语文学科的四大核心素养:"语言建构与运用""思维发展与提升""审美鉴赏与创造""文化传承与理解"。

新课标在解释学业质量水平与考试评价的关系时,将学生的学习结果划分为五个级别的水平:"水平一和水平二是必修课程学习的要求,水平三和水平四是选择性必修课程学习的要求,水平五是选修课程学习的要求。水平二是语文学科高中学业水平考试的依据,水平四是高校考试招生录取的依据,水平五则是为对语文课程更有兴趣的学生所设的较高要求,修习情况可供高校或用人单位参考。"学生学习结果的五个级别水平,实际上是界定了语文学科核心素养在不同的考试评价中要达到的具体要求。可见,培养学生的学科核心素养,是高中语文教学的一项非常重要的任务。

如何将核心素养这一抽象的概念落地于实际教学中便成了我们急需解决的一个问题。新课标指出"语言是重要的交际工具,也是重要的思维工具;语言的发展与思维的发展相互依存,相辅相成。语言文字是文化的载体,又是文化的重要组成部分;学习语言文字的过程也是文化获得的过程。语言文字作品是人类重要的审美对象,语文学习也是学生审美能力和审美品质发展的重要途径"。因此,在四大核心素养中"语言建构与运用是语文学科核心素养的基础,在语文课程中,学生的思维发展与提升、审美鉴赏与创造、文化传承与理解,都是以语言的建构与运用为基础,并在学生个体言语经验发展过程中得以实现的"。文本细读最主要的关照对象便是语言,因此,我们在阅读教学中便可以通过文本细读来落实学科核心素养。

以高考为例,新课标明确指出,高考要求学生必须达到学业质量水平四及以上的水平。我们将新课标所提到学业质量水平四和水平五的部分质量描述摘录如下:

4-1 在梳理的基础上,尝试进行专题探究,发现其中蕴含的语言运用规律,

并能用自己的语言加以解释；

能敏锐地感受文本或交际对象的语言特点和情感特征，迅速判断其表达的正误与恰当程度，察觉其言外之意和隐含的情感倾向。

4-2 能就文本的内容或形式提出质疑，展开联想，并能找出相关证据材料支持自己的观点，反驳或补充解释文本的观点；

能比较、概括多个文本的信息，发现其内容、观点、情感、材料组织与使用等方面的异同，尝试提出需要深入探究的问题。

4-3 在鉴赏活动中，能结合作品的具体内容，阐释作品的情感、形象、主题和思想内涵，能对作品的表现手法作出自己的评论；

能比较两个以上的文学作品在主题、表现形式、作品风格上的异同，能对同一个文学作品的不同阐释提出自己的看法或质疑。

4-4 能结合具体作品，分析、论述相关的文化现象和观念，比较、分析古今中外各类作品在文化观念上的异同。

5-1 能发现所学的语言文学作品中的各类联系，对学过的重要作品和具有典型性的语言材料进行分类整理，加深自己对各类作品的理解和领悟。

5-2 在理解语言时，能从多角度、多方面获得信息，有效地筛选信息，比较和分析其异同；

能清晰地解释文本中事实、材料与观点、推断之间的关系，分析其推论的合理性，或揭示其可能存在的矛盾、模糊或故意混淆之处等；

能从多篇文本或一组信息材料中发现新的关联，推断、整合出新的信息或解决问题的策略、程序和方法，并运用了解决自己学习和生活中遇到的相关问题。

5-3 在鉴赏活动中，能从不同角度、不同层面鉴赏文学作品，能具体清晰地阐释自己对作品的情感、形象、主题和思想内涵、表现形式及作品风格的理解；

能比较多个不同作品的异同，能对同一作品的不同阐释发表自己的观点，且内容具体，依据充分；

能对作品的艺术形象及价值有独到的感悟和理解。

5-4 具有文化批判和反思的意识，能结合具体作品，从多角度、多层面分析、论述相关的文化现象和观念。

上面有关对学业质量水平的描述，包含了对语言运用规律探究，对文本言外之意和隐含的情感倾向的挖掘,对文本的内容或形式质疑,对多个文本信息的比较、概括,对作品的情感、形象、主题和思想内涵的阐释,对作品的表现手法的评论,对两个以上的文学作品在主题、表现形式、作品风格上异同的比较,对同一个文学作品的不同阐释的解读或质疑,对文本存在的矛盾、模糊或故意混淆之处的揭示……这些任务的达成都需要以文本细读为基础。

"多角度、多方面""不同角度、不同层面""多角度、多层面""比较和分析""具体清晰地阐释"……这些具体的要求中同样暗含着对文本细读的要求。

根据新课标的要求,以上学业质量水平的达成要借助对 18 个学习任务群的学习。新课标提出的 18 个学习任务群中,有 7 个涉及"研讨",有 5 个涉及"研习"。"研讨"与"研习"的学习任务分布在必修、选择性必修和选修三个课程阶段,且均指向特定的阅读文本,自然也离不开文本细读的支撑。

(一) 文本细读和思维发展与提升

新课标将"思维发展与提升"这一核心素养阐释为:"学生在语文学习过程中,通过语言运用,获得直觉思维、形象思维、逻辑思维、辩证思维和创造思维的发展,促进深刻性、敏捷性、灵活性、批判性和独创性等思维品质的提升。"余文森教授曾说:"素养只有在需要素养的活动中才能得到形成。"[①]思维发展与提升一定是在具体的、实际的思维活动情境中达成的。"提出值得思考的问题,而且这些问题必须是切实和深刻的,只有这样才能调动学生,让他们愿意想、有得想、想充分。"[②]因此设置真实的、有思考价值的问题,有助于点燃课堂,引爆学生的思维;而真实的、有思考价值的问题,就阅读教学而言,首先源自对文本的深度解读。

案例:以问题架构课堂　　借矛盾引爆思维

教学契诃夫的名篇《套中人》(鲁人版教材)时,我们可以从文本的几处"矛盾"入手,设置问题,架构课堂,让学生在思考中体悟人物,剖析社会,感受作者的深刻寄寓,在文本细读中发展与提升思维。

---

① 余文森:《核心素养导向的课堂教学》,上海教育出版社,2017 年,第 72 页。
② 王宁、巢宗祺主编:《普通高中语文课程标准(2017 年版)解读》,高等教育出版社,2018 年,第 63 页。

1. 于矛盾处追问,增强逻辑思维

上课之初,先提出这样一个问题:

问题1:老舍先生曾说,一篇好的小说,人物形象是立在读者面前的。契诃夫笔下的"套中人"到底是一个什么样的形象呢?请同学们速读文本,找出你认为最能体现别里科夫性格的一句话或一段文字并分析。

思维是一种高级的认知过程,是以感知为基础的。问题1包含三重任务:一是寻找,找出文中能够体现别里科夫性格特点的文字,意在强化学生对文本内容的感知,指向学生的直觉思维和形象思维;二是筛选,选出"你认为最能体现别里科夫性格的一句话或一段文字",学生需要比较、权衡、取舍,思维便产生了碰撞,得到了锻炼;三是表达,学生对自己选取的文字进行分析,说出选取的理由,语言组织与表达的过程也是一个逻辑思维训练的过程。

从课堂的回答来看,学生对别里科夫的第一印象是胆小、保守、可笑。在此基础上,抛出第二个问题:

追问1:通过大家的分析,我们得出了这样一个结论:别里科夫是一个胆小的、保守的、可笑的形象,他害怕周围的一切。这样的话,就有一个疑问了,文章的第5段中有这样一段描写:

"然而这个老穿着套鞋、拿着雨伞的小人物,却把整个中学辖制了足足十五年!可是光辖制中学算得了什么?全城都受他辖制呢!……在别里科夫这类人的影响下,过去十年到十五年间,我们全城的人变得什么都怕。他们不敢大声说话,不敢发信……"

这么一个"胆小鬼"为什么能够把整个中学辖制了十五年,甚至辖制全城呢?

"怕"与"被怕"形成的矛盾冲突,促使学生再读文本。学生很快从文本中找到了有效信息——"告密"。笔者继续追问:

追问2:如果是因为告密,说别里科夫辖制全校是可以理解的,怎么会辖制全城呢?

胆小的个体辖制了超出他能力范围的群体,这一新的矛盾引发学生再度思考。当读到"别里科夫这类人"时,学生明白别里科夫不是一个个体的范畴,而是一类人的代表,无数个"别里科夫",无数次告密,辖制全城似乎可以理解了。

但是,以我们今天的价值判断来看,这种解释仍然不能让人满意,于是笔者第三次追问：

追问3：除了有诸多"别里科夫"存在外，还有其他原因吗？大家想象一下，如果在今天，就算有再多的别里科夫，能辖制我们的学校，辖制我们的县城吗？

这一问题引导学生由对个体形象的解读转向对社会根源的思考。笔者以此为契机补充了小说的写作背景，学生在时代背景下重新审视和解读别里科夫，思考特定时代背景下特定人群的特定行为，明白了在这种畸形社会中必然会形成这种病态的人与人之间的关系。

新课标对"发展逻辑思维"有明确的解释："能够辨识、分析、比较、归纳和概括基本的语言现象和文学现象，并能有理有据地表达自己的观点和阐述自己的发现……运用批判性思维审视语言文字作品，探究和发现语言现象和文学现象，形成自己对语言和文学的认识。"这一环节，一个主问题，三次追问，学生的认知过程经历了四步走，"怕"与"被怕"之间的逻辑关系也由最初的"矛盾"，到后来的"合理"，到最后的"必然"。学生的逻辑思维也在直觉体验、对比权衡、批判审视、否定重构、表达阐述中得到了锻炼。

2. 于矛盾处想象，发展创造思维

问题2：像别里科夫这样一个坚守着旧制度和旧思想、成天将自己装在套子里的人，应该没有什么能够引起他的兴趣。然而，文中却有一句话颇值得揣摩："他老是称赞过去，称赞那些从没存在过的东西。"别里科夫会有着怎样的过去呢？

文中并没有对别里科夫过去的描述，学生只能建立在想象的基础上思考这一问题，学生一开始的回答仍囿于对这一形象最初的感知，认为他过去一定受过传统的、保守的教育，活得谨小慎微。笔者于是引导："你如果有这样的过去，会称赞吗？请大家放下课本这个'套子'，大胆的想象一下。"学生想象的视角发生了转变：他一定有自己的理想，并曾经努力追求过；他曾经一定生活得非常幸福，有自己的家人陪伴，做着自己喜欢的事情，只是后来受到了社会的摧残才变成了今天的样子……

想象不等于空想，是在现实基础上的一种深度的逻辑推理。因此，笔者让学生在文中找到相关的文字来印证自己的想象。文中的两处矛盾成为关键的切入点：

一处是别里科夫"公开"地"告密"。他在和科瓦连科争吵时说："随您怎么

说,都由您……只是我得跟您预先声明一下:说不定有人偷听了我们的话;为了避免我们的谈话被人家误解,避免闹出什么乱子起见,我得把我们的谈话内容报告校长先生……把大意说明一下。我不能不这样做。"告密应该是偷偷的,别里科夫却把自己要告密的行为告诉了对方。

另一处是别里科夫"高兴"地"死去"。文中对其死时的状态有这样的描写:"这时候他躺在棺材里,神情温和、愉快,甚至高兴,仿佛暗自庆幸终于装进一个套子里,从此再也不必出来了似的。是啊,他的理想实现了!"按常理来说,人们应该是害怕死亡的,别里科夫死的时候却非常高兴,令人费解。

黄厚江老师说:"有思考,有想法,是一切思维能力培养的起点。"①这两处有悖常理的描写引发了学生的思考,激活了学生的思维,学生在此基础上深入解读并进一步推断和想象。别里科夫告密是为了避免别人的误解,避免出现什么乱子,为的是自保,可见别里科夫过去一定受到过误解,因为被误解受到过伤害,而且是很多次;"我不能不这样做",不愿但又不得不去做,便是他矛盾内心的真实写照。他死了之后反倒有神采了!死反倒成了理想的实现!可以想象,他在活着的时候要经历多少孤独绝望、痛苦无奈和血泪挣扎,内心得有多么无助与绝望,才把自己一层一层包裹起来,成了装在套子里的人,成了一个社会的傀儡,成了一个时代的符号。从这个角度理解,他又是当时社会的牺牲品和受害者。

这一环节中,想象给予了学生足够的思维空间,强化了学生的思维张力。学生立足文本,合理想象,逐渐抛开了传统认知的禁锢,在剖析社会的基础上对别里科夫这一形象进行了全面的、深刻的、创造性的解读。

3. 于矛盾处溯源,提升思维的深刻性

问题3:同学们,每部作品都是有温度的,每个形象都是有灵魂的,契诃夫塑造别里科夫这样一个具有多重性的形象的用意何在?

学生较为集中的观点是讽刺以别里科夫为代表的"套中人"、批判沙皇的专制统治。笔者进一步引导:

问题4:小说中还写到了一个始终伴随别里科夫存在并见证了别里科夫的一生的群体——"我们"。文章的第5—7段,对"我们"有过具体描述:有思想

---

① 黄厚江:《在语文学习过程中实现思维的发展与提升》,《语文教学通讯》,2019年第1期。

的、极其正派的、受过屠格涅夫和谢德林的教育。小说中一个着墨不多的人物伊万·伊万内奇对"我们"有一段耐人寻味的评价:"是啊,有思想的正派人,既读屠格涅夫,又读谢德林,还读勃克尔等等,可是他们却屈服,容忍这种事……问题就在这儿了。"

他说问题就在这儿,什么问题就在这儿?如果让你在"问题"前填一个词,你会填什么?为什么?

通过这样一个启迪思维的填空,学生的思维一下子被打开了:

生1:思想的问题,正是由于人们保守的思想才使得越来越多的人成为"套中人"。

生2:我填人性,"我们"受过先进的教育,是一种新生力量的代表,本应选择战斗,但是人性的软弱使得"我们"不敢去反抗沙皇的专制统治,甘愿屈服和容忍。

生3:我认为是社会的问题,"我们"的屈服和忍受正是沙皇专制统治得以维系和当时社会停滞不前的根源。

笔者趁热打铁,让学生再次思考:作者塑造这样一个人物,写这样一篇文章的目的何在?

生4:讽刺所有不反抗的人,讽刺他们人性的软弱。

生5:要号召人们起来反抗沙皇的专制统治。

生6:我感觉应该是唤醒,唤醒沉睡中的民众,呼吁他们起来斗争,不要再选择屈服和容忍。

在此基础上,笔者让学生进一步去体味文中的两段文字:

不,再也不能这样生活下去了!

啊,自由啊,自由!只要有一点点自由的影子,只要有可以享受自由的一线希望,人的灵魂就会长出翅膀来。

有着进步思想的"我们"本应起来反抗却最终选择了"屈服",这一矛盾成为学生思维的引爆点。学生借此一步步深入文本,一步步走进契诃夫的精神世界,明白了他的笔触不仅指向别里科夫,而且指向了在当时的专制统治下所有选择了沉默和屈服的人,批判他们的行为,叩问他们的灵魂。作者写这篇文章不仅仅是为了揭示丑恶,更重要的是寻求突围。他希望借自己的作品,借对"套中人"以及这个社会的批判和反思,来唤醒一群人,唤醒他们沉睡的人性和斗志,唤醒整个病态的社会,寻求一种消除丑陋和罪恶的路径。

学生对作者写作意图的把握经历了一个由浅入深的过程,思维也随之向深处延伸,正如黄厚江老师所说:"我们在一步步将学生带到文本深处的同时,就是在进行思维深刻性的训练。"①

荒诞用尽是神奇,反常之处见匠心!

文本中的这些"矛盾"就如一把把解开谜团的钥匙,引导学生探讨人物个性,管窥人物心理,反思典型人物产生的土壤与根源,感受契诃夫由对个人命运讲述到对社会根源关照的深刻思考。学生在对矛盾的探究中,真正走向了文本的深处,在文本细读中发展与提升了自己的思维。

(二)文本细读和审美鉴赏与创造

新课标对"审美鉴赏与创造"这一核心素养的阐释是"学生在语文学习中,通过审美体验、评价等活动形成正确的审美意识、健康向上的审美情趣与鉴赏品位,并在此过程中逐步掌握表现美、创造美的方法",所对应的课程目标有两个:

鉴赏文学作品。感受和体验文学作品的语言、形象和情感之美,能欣赏、鉴别和评价不同时代、不同风格的作品,具有正确的价值观、高尚的审美情趣和审美品位。

美的表达与创造。能运用祖国语言文字表达自己的审美体验,表达自己的情感、态度和观念,表现和创造自己心中的美好形象;讲究语言文字表达的效果及美感,具有创新意识。

其中"鉴赏文学作品"这一目标对应的是阅读教学的维度。其具体要求,不管是"感受和体验文学作品的语言、形象和情感之美",还是"欣赏、鉴别和评价不同时代、不同风格的作品",都需要以文本细读为依托。

案例:品语言繁简之美　悟赤子忧国情怀

杜牧的名篇《阿房宫赋》字里行间无不给我们以美的体验,在语言的繁简中蕴含着生动的语言之美和炽烈的情感之美。

1. 繁笔呈现的语言之美:铺采摛文穷形相,多样手法绘阿房。

刘勰在《文心雕龙·诠赋》说:"赋者,铺也。铺采摛文,体物写志也。"②所

---

① 黄厚江:《在思维发展与提升的过程中提升语文学习的品质》,《语文教学通讯》,2019年第2期。
② 〔南朝梁〕刘勰著、周振甫注:《文心雕龙注释》,人民文学出版社,1983年,第80页。

谓"铺采摛文"用陆机《文赋》中的话来说就是"穷形而尽相",即对事物从不同的角度、用多样的手法做尽可能详尽的描绘。《阿房宫赋》充分体现了赋的这一特点,全文共513字,其中近400字都是在用极富感染力的语言描写阿房宫。

描写的角度		具体的语句	阿房宫的特点	语言特点
整体特征		覆压三百余里,隔离天日 骊山北构而西折,直走咸阳 二川溶溶,流入宫墙 五步一楼,十步一阁 盘盘焉,囷囷焉,蜂房水涡, 矗不知其几千万落	规模大 宫殿高 建筑多 楼阁集	夸张 对偶 比喻 叠词 整散句式
内部结构		廊腰缦回,檐牙高啄 各抱地势,钩心斗角 长桥卧波,未云何龙 复道行空,不霁何虹 负栋之柱,多于南亩之农夫 架梁之椽,多于机上之工女 钉头磷磷,多于在庾之粟粒 瓦缝参差,多于周身之帛缕 直栏横槛,多于九土之城郭	装饰美 结构巧 构件多 耗费巨	比喻 夸张 排比 对偶 比拟 反问
主观感受		高低冥迷,不知西东 歌台暖响,春光融融 舞殿冷袖,风雨凄凄 一日之内,一宫之间,而气候不齐	宫殿多 布局繁 面积广	夸张 对偶 互文 通感
宫内生活	宫人身份	妃嫔媵嫱,王子皇孙		
	生活状态	明星荧荧,开妆镜也 绿云扰扰,梳晓鬟也 渭流涨腻,弃脂水也 烟斜雾横,焚椒兰也 雷霆乍惊,宫车过也 辘辘远听,杳不知其所之也 一肌一容,尽态极妍,缦立远视, 而望幸焉 有不见者,三十六年	美女众	比喻 夸张 排比 叠词 多种感官
	使用的物品及态度	燕赵之收藏 韩魏之经营 齐楚之精英 几世几年,剽掠其人,倚叠如山 管弦呕哑,多于市人之言语 鼎铛玉石,金块珠砾,弃掷逦迤, 秦人视之,亦不甚惜 奈何取之尽锱铢,用之如泥沙	珍宝多 生活奢	互文 排比 夸张 比喻 借代 对比 反问

作者由远及近、由外到内,写出了阿房宫规模之大、楼阁之高、装饰之美、构造之巧、耗费之巨、珍宝之多、美女之众、生活之奢……杜牧对阿房宫的描写处

处体现着语言之美:词语生动,句式灵活,修辞多样,音韵和谐。

2. 简笔蕴含的情怀之美:惜墨如金耐思量,意蕴悠长叹兴亡

对于阿房宫兴建和焚毁的描写,杜牧仅仅用了两段文字:

六王毕,四海一,蜀山兀,阿房出。

戍卒叫,函谷举,楚人一炬,可怜焦土!

两处简笔最为巧妙之处是借助留白引发了我们的思考和想象,形成了巨大的张力,产生了意蕴无穷、耐人深思的效果。

(1)开篇为何从"六王毕,四海一"写起?

杜牧是在为阿房宫作赋,开篇为何要写"六王毕,四海一"呢?首先,开篇两句为阿房宫的修建提供一个宏大的时代背景,指出阿房宫是在六国灭亡、秦王朝统一的基础上兴建起来的,给阿房宫赋予了特定的历史内涵,即阿房宫是国家兴亡、王朝盛衰的见证者,也暗示了此赋虽然是写阿房宫却一定另有深意。其次,这两句表面上是在赞扬秦统一天下的气势,实质上是采用欲抑先扬手法为写秦的灭亡埋下伏笔。杜牧将六国灭亡与秦统一"四海"对举,下文却写"六王"盘剥百姓之贪婪和秦王朝"亦不甚惜"的骄奢,强调的是秦灭六国后非但没有从六国身上吸取教训,反而是重蹈六国覆辙的结局。由此可见,开篇两句同时提到六国与秦便已含暗讽之意。

(2)"蜀山"如何"兀"?"阿房"如何"出"?为何是"蜀山"兀?

连绵不断的蜀山上的木材被砍光,"覆压三百余里,隔离天日"的宏伟宫殿拔地而起。杜牧不去描写蜀山的树木如何一根根被砍伐殆尽和阿房宫如何一寸寸被建起的过程,反而留给我们充分想象的空间:阿房宫修建时间是何其漫长,耗费是何其巨大,民生是何其艰辛,统治者是何其残暴,百姓是何其怨恨……比直接写出更震撼人心。杜牧突出"蜀山"二字则是一种文学性和浪漫化的表达,李白在《蜀道难》中写到蜀地自古便"不与秦塞通人烟",因为从关中到蜀山,要经过"黄鹤之飞尚不得过,猿猱欲度愁攀援"的蜀道。由此我们可以推想,一定是周围山上的树木已经被伐尽,到了实在无木可伐的境地,才会选择经过"难于上青天"的蜀道来蜀山砍伐木材。阿房宫的修建是何等地劳民伤财便不言而喻了。

(3)为何是"戍卒"叫?"函谷"如何"举"?

作者特意强调秦末农民起义军"戍卒"的身份,是为了将其和秦王朝的覆亡形

成对比。一群"戍卒"斩木为兵,揭竿为旗,竟然撼动了拥有数十万大军的秦王朝的根基,秦暴政之残酷、不得民心之甚可想而知,同时也强化了"族秦者秦也"的结论。"函谷举"紧承"戍卒叫"来写,杜牧有意省去其间"戍卒"与秦王朝多年艰苦卓绝的斗争,更是在强调秦灭亡之迅速、之容易,再次突出民心向背的重要性。

(4)为何是"楚人"？为何用"一炬"？"可怜"是何意？

史料典籍一般记载的都是项羽火烧阿房宫,杜牧却说"楚人一炬",用"楚人"不用项羽,是杜牧有意要将秦统治者置于普通百姓的对立面,强调烧掉阿房宫的是老百姓而不是项羽这个"霸王",更清晰地表达出结尾所说的"爱其人"的道理。"一炬"是"一把火",相较于"覆压三百余里"的阿房宫,何其渺小,而恰恰是这微弱的"一炬"竟让如此庞大的阿房宫化为"焦土","一炬"与"三百余里"鲜明的对比背后隐含的道理,更是值得玩味,耐人深思。"可怜"二字是作者的情感所系,既是对宫殿、珍宝付之一炬的可惜,又是对秦王朝骄奢误国、盛极而亡的可悲,更是对历史更迭、沧桑变化的可叹,最为重要的还是对国家命运的担忧与反思。杜牧所处的时代,政治腐败,外族入侵,百姓困苦,大唐帝国已处于崩溃的边缘,而敬宗李湛却耽于玩乐。对于这一切,杜牧痛心疾首,在《上知己文章启》中说:"宝历(敬宗的年号)大起宫室,广声色,故作《阿房宫赋》。"可见,杜牧是在借写阿房宫来写六国与秦的兴亡,是以六国与秦之"哀"来引发当朝统治者之"鉴"。

文中的两处简笔是杜牧精心设计的妙笔,我们在字斟句酌中能够读出一个臣子赤诚的情怀。

品读《阿房宫赋》,学生在品味咀嚼语言之美的过程中,能够体悟到杜牧蕴含在文中的情感之美。这也有助于学生形成正确的价值观、高尚的审美情趣和审美品位。

(三) 文本细读和文化传承与理解

关于"文化传承与理解",新课标设置了三个课程目标:传承中华文化,理解多样文化,关注、参与当代文化。新课标对前两个课程目标的具体阐释分别是"通过学习运用祖国语言文字,体会中华文化的博大精深、源远流长,体会中华文化的核心思想理念和人文精神,增强文化自信,理解、认同、热爱中华文化,继承、弘扬中华优秀传统文化和革命文化""通过学习语言文字作品,懂得尊重和包容,初步理解和借鉴不同民族、不同区域、不同国家的优秀文化,吸收人类文化的精华"。新课标明确指出"传承中华文化"的路径是"学习运用祖国语言文字","理解多样文化"的路径是"学习语言文字作品",文本是文化的载体,文化传承与理解这一核心素养落地阅读教学课堂同样需要建立在对文本细读的基础之上。

案例:品文字深厚内蕴 悟文化博大多彩

"一词二赋"是苏轼黄州时期的名篇,在对这三篇经典诗文进行群文联读教学时,我们可以通过对《念奴娇·赤壁怀古》中的"我"、《赤壁赋》中的"客"与"苏子"、《后赤壁赋》中的"予"进行深入分析,理解"我"人生思考背后的儒家思想,"客"与"苏子"对话所反映的儒家与释、道思想的碰撞,"予"的言行见闻所蕴含的道家思想。

课文	人称（人物）	言行 见闻 思想	思想内核	文化归属
《念奴娇·赤壁怀古》	我	多情应笑我,早生华发 人生如梦,一尊还酹江月	叹惋时光流逝 悲慨自身遭遇 感叹人生如梦	儒家 (志向和抱负)
《赤壁赋》	客	固一世之雄也,而今安在哉 寄蜉蝣于天地,渺沧海之一粟 哀吾生之须臾,羡长江之无穷 挟飞仙以遨游,抱明月而长终 知不可乎骤得,托遗响于悲风	追慕英雄业绩 感叹碌碌无为 感慨自身渺小 悲叹人生短暂 慨叹理想难成	儒家(志向抱负)
	苏子	逝者如斯,而未尝往也 盈虚者如彼,而卒莫消长也 盖将自其变者而观之,则天地曾不能以一瞬 自其不变者而观之,则物与我皆无尽也,而又何羡乎 苟非吾之所有,虽一毫而莫取 取之无禁,用之不竭,是造物者之无尽藏也	看轻名利 看淡得失 超脱圆融 懂得放下	释、道 (随缘无执) (旷达超脱)
《后赤壁赋》	予	反而登舟,放乎中流,听其所止而休焉 适有孤鹤,横江东来。翅如车轮,玄裳缟衣,戛然长鸣,掠予舟而西也 梦一道士,羽衣翩跹 我知之矣。畴昔之夜,飞鸣而过我者,非子也邪	放任自然 闲适孤高 潇洒自由 物我两忘	道家 (旷达超脱)

学生通过对文本的分析,在体悟苏轼精神突围的同时,能够感受中华民族不同文化的博大精深,体会到蕴于其中的核心思想和人文精神:儒家的志向和抱负,老庄的旷达和超脱,释家的随缘和无执。

我读我思
——高中语文教学文本细读与思考

寇永升老师曾提到过一个案例,则很好地体现了文本细读在理解不同文化的差异性中起到的作用。寇老师将统编版高中语文教材必修下册第三单元的两篇文章——屠呦呦《青蒿素:人类征服疾病的一小步》和加来道雄《一名物理学家的教育历程》——中的一些文字进行了比较,清晰地说明了文字背后隐藏着的文化密码。

课文	文字节选
《青蒿素:人类征服疾病的一小步》	青蒿素与以往的抗疟药物相比,在化学结构和作用特点上有<u>明显</u>的差异。我们在研究评价的时候发现,比之青蒿素,双氢青蒿素的疗效提高<u>近十倍</u>。<u>更重要的是</u>,用双氢青蒿素治疗的病人复发率<u>很低</u>。在分子中引入羟基,也给发展新的青蒿素衍生物创造了<u>更多</u>的机会。 2002年,世界卫生组织推荐采用青蒿素作为一线药物治疗症疾。如今,青蒿素联合疗法在全世界<u>广泛</u>应用,这一疗法<u>极大</u>地减轻了疟疾的症状,拯救了<u>许多</u>人的生命,<u>特别</u>是非洲孩子们的生命
《一名物理学家的教育历程》	我蹲在那里的一个小池边,为慢慢畅游于睡莲之间的五彩斑斓的鲤鱼所<u>陶醉</u>。这是我<u>最</u>快乐的童年记忆之一。 <u>最奇怪的是</u>那个抓住我的生物<u>竟然一点儿</u>也不像鱼。<u>更使我震惊的是</u>,无论如何也看不到它的鳍,但是没有鳍它还是能够运动。 我<u>一直</u>对存在高维世界的可能<u>极感兴趣</u>。像许多孩子一样,我<u>贪婪</u>地阅读这样一类历险故事,其中讲述的是时间旅行者进入别的多维空间,探索我们看不见的平行宇宙,在那里能很容易地使通常的物理定律不再起作用

寇老师详细地分析了两位作者的用词的特点,屠呦呦多用比较级,采用消极修辞,加来道雄多用最高级、"重词"、积极修辞。在此基础上,寇老师深入探究了中国和西方的文化差异:中国文化含蓄、低调、谦逊;西方文化张扬、个性。在这一过程中,学生既增强了文化自信,又感受到了不同文化之间的差异美。

后 记
源自课堂的生长

一名教师的专业成长要从上好一节课开始,最终也要落脚于课堂。本书的内容都源自我的课堂实践。我所说的"源自课堂的生长"有三层含义:

一、课堂上的归属感是一名教师"生长"的最根本的内生动力

看过这样一个寓言故事:

唐太宗贞观年间,长安城西的一家磨坊里,有一匹马和一头驴子。它们是好朋友,马在外面拉东西,驴子在屋里推磨。贞观三年,这匹马被玄奘大师选中,出发经西域前往印度取经。17年后,马驮着佛经回到长安,它重到磨坊会见驴子朋友。老马谈起这次旅途的经历:浩瀚无边的沙漠,高入云霄的山岭,冰雪的壮美,热海的波澜……那些神话般的境界,使驴子听了大为惊异。驴子惊叹道:"你有多么丰富的见闻啊!那么遥远的道路,我连想都不敢想。""其实,"老马说,"我们跨过的距离是大体相等的,当我向西前行的时候,你一步也没停止。不同的是,我同玄奘大师有一个遥远的目标,按照始终如一的方向前进,所以我们打开了一个广阔的世界。而你被蒙住了眼睛,一生就围着磨盘打转,所以永远也走不出这个狭隘的天地。"

这个故事曾一度刺痛过我,直到现在仍然激励着我。我2011年参加工作,今年是我从教的第12年,回顾自己的教学经历,尤其前3年,记忆几乎为零,没有真正地研究过教材、教法,更不用说反思总结,基本上就是一节赶一节地上课,每天感觉忙忙碌碌,却不知道忙些什么,没有留下一个像样的教案,没有上

过一节像样的课。这种机械的、无价值的重复与忙碌,让我早早地产生了职业倦怠感,讲台上没有存在感,课堂上没有归属感。

后来,读书时看到的几句话深深地触动了我,"课堂是一个教师立身和立业的根本""一个教师的尊严,一个教师的幸福,一个教师的价值,都来自课堂"(黄厚江),"教师必须靠一节一节课垫起人生的高度"(杨九俊)。读到这些话,反思自身的教学经历,我不由又一次想起了上面的那个故事,自己不就是故事中那头"驴子"吗?三年来忙忙碌碌,却一直在原地打转。

我一直将2015年看成是我教学生涯的第一个转折点,是改变我职业轨迹的一年,因为这一年我有幸执教了一节市级公开课《蜀道难》。对于在学校里都很难有展示机会的我来说,要在全市范围内上一节公开课,压力可想而知。抱着不能太丢人的想法,我开始了备课。那是我第一次真正沉下心来去准备一节课,我翻阅了很多资料,请了很多老师来给我指导,备了讲,讲了听,听了改,改了再讲,再听,再改……从那时起我才明白,课还可以这样备。

当我怀着忐忑的心情把那节课上完,当我诵读完《蜀道难》在场的老师自发地为我鼓掌时,我才明白,原来课堂也可以赢得掌声,也可以赢得尊重。那是我第一次从备课、上课中感受到快乐。那节课之后,有的老师也认识了我,外出开会的时候也有老师会叫一声"马老师"或"月亮老师",我的"虚荣心"也得到了极大的满足。我第一次意识到,只要努力,我也能成为西天取经的那匹马。从此,我便踏上了这漫漫的"取经之路"。有了那次经历,我非常珍惜每一节课,珍惜每一个站在讲台上的时刻,努力做到精心准备每一节课。当然,"取经之路"并非一帆风顺,总会遇到困难和挫折,幸运的是,每当我犹豫彷徨,甚至想要退缩放弃的时候,课堂总能给我向上"生长"的动力。2016年,在我工作的第5年,我获得了山东省优质课一等奖第一名;2019年,我代表山东省参加第十二届"语文报杯"全国中青年教师课堂教学大赛获得一等奖……这些带给我的不仅仅是一张张证书、一份份荣誉,更为重要的是让我在语文教学中找到了自信,获得了存在感、归属感和成就感,为我的专业成长提供了源源不断的内生动力。

二、对课堂的精益求精是一名教师自我"生长"的必由之路

我一直都认为课堂的45分钟是拷问一名教师良心的45分钟。我们可以

精益求精，也可以马马虎虎；但我们一定要明白，这45分钟是学生生命中的45分钟，也是我们生命中的45分钟。无数个45分钟便构成了学生高中的三年，无数个45分钟也构成了我们生命的主体。我们要让我们的学生怎样去回忆我们留给他们的一个个45分钟？我们会以一种什么样的心情来回味我们生命中的一个个45分钟呢？或许我们还无法做到像苏霍姆林斯基所说的那样，对于每节课都要用终生的时间来备课，但是，我们应该明白，我们人生的价值、人生的高度都是在这45分钟中实现的。从某种意义上说，我们每一节课的颜色决定着我们一生的色彩。

在教学中，我不是一个聪明的人，我的备课方法很笨，我称为"笨人备课法"，有四个步骤：读文本—找材料—写实录—多练习。我之所以说它是"笨人备课法"是因为用这样的方法备课要花费大量的时间，需要有足够的耐心。

读文本。研读文本是上好课的前提，拿到一篇文章之初，我不会去看教参，也不会去网上找课件，我会先读文本，反反复复地读，写下自己的大致构思，想好设问的问题，记下自己的疑惑。

找材料。读完文本后，我会带着自己的构思和疑问查找相关的材料，我会把能找到的有关这节课的课堂实录、论文都下载下来，一篇一篇地学习，在学习中寻找思路。一篇文章，一句话，甚至是一个词都可能一下子激发我的灵感，让我有新的想法。第十二届"语文报杯"全国中青年教师课堂教学大赛共设置了18个课题，包括各类体裁的阅读文本和不同指向的写作课题，从接到比赛通知到正式比赛两个月的时间里我共读了400多篇论文，现在想来，这些论文在无形中架构了我阅读教学和写作教学的基础。

写实录，也就是写详案。这是一个笨办法，却是对我帮助最大的一个环节。实录我会写两遍，第一遍是上课前写，我会模拟上课的全过程，想象自己在课堂上和学生对话的场景，把每一句话都写下来，然后反复地修改。这样做有三个好处，一是熟悉了课堂流程；二是锤炼了课堂语言；三是对学生的课堂表现有了较为全面的预设，我往往要在一个问题后设想学生的几种回答。第二遍是上完课后写，我会根据这节课的实际情况，在原有详案的基础上修改，这个过程非常重要，可以让我反思自己对文本的理解，反思自己最初的设计，反思自己和学生的课堂对话。

多练习，就是反复练习打磨，更多的是对赛课和公开课来说的。我参加的那一届市优质课正好在我们学校举行,我们学校班级很少,所以没有试课的机会。怎么办?我就找了个空教室反复练习。我一开始很不好意思,因为老师、学生经常来来回回路过,往里面看,慢慢地也就习惯了。由于那个教室没有多媒体,我不知道能不能把课件流畅地顺下来,正好有一天我们班有一节数学课,老师带学生去录课室录课,我就在我们班教室里练习了一遍。学生回来后都对着我笑,说老师你是不是在咱班偷着练讲课了。我很诧异,他们怎么知道的。他们都笑着指向黑板,我一看,原来是板书忘擦了。这样的事情,我做过不少。很多毕业的学生回来跟我说,老师你知道我们对你印象最深的是什么吗?就是你自己在那个教室里练讲课的场景,其实我们班很多同学都被你的这种精神鼓舞着。

当然,也有老师认为优质课、公开课就是表演,不知提前上了多少遍;可是,从另一个层面来说,一节精心准备的课都上不好,更毋论常态课了。更为重要的是,准备的过程和最后的结果同样重要,正是备课时查找的那一篇篇资料丰富了我们的知识,开阔了我们的视野;也正是在这一遍遍的练习、一回回的修改、一次次的反思中孕育了我们课堂的生长。

后来,读了一些专业书籍,我发现"笨人备课法"并非是我首创,于漪老师很早就提到过类似的做法。她把每一次讲课都看成一次生命的绽放,认为每一堂课都要经过三次备课:第一次备课就是"读白文",不看任何参考书,全凭自己的理解对教材进行一次整体把握,静下心来反反复复阅读文本,不断给自己提问题;第二次备课广泛收集各种参考文献资料,看名师、教育专家对教材的分析,同时不断思考;第三次备课是在上过平行班之后总结经验,教学反思之后再备一次课。

三、扎根教学实践的潜心写作是一名教师课堂的二次"生长"

2019年是我教学生涯的第二个转折点,9月份我在上海参加了市里组织的一次"三名"培训。就在我还为自己因为讲课获得的一点成绩而沾沾自喜时,各位名家大师的报告一下子让我警醒,人人都在谈读书,人人都在强调写作。也正是那时,我发现了自己理论的困乏,感觉到自己知识的贫瘠,明白了自己的站位是多么地低。

我将2019年后的这几年称为自己的"恶补阶段",首先做的就是读书,专业

后记　源自课堂的生长

专著、期刊论文、班主任相关的书籍……到现在我的读书笔记已经超过10万字。

写作对我来说是一个更大的难题，2019年以前我基本没有写过东西，真正想要去写了才发现，想得到不等于说得清，说得清不等于写得出。

写什么是我首先要解决的问题，我想到了自己利用"笨人备课法"积累的那些原始材料，因为这些课例都是鲜活的，都是我最本真的思考，都是我最想表达的东西。于是，我开始对这些材料进行加工打磨。从2020年开始，我每年都有几篇甚至十几篇文章发表。这让我深深地体会到，课堂是我们最重要的原始积累，写作会让我们的课堂得到二次"生长"。

吴非老师曾说"尊重客观规律的辛勤耕耘，没有功利意识的沉潜，才有可能使我们所从事的工作变得有意义"。我们要明白，写作是一个提炼、升华的过程，其最根本目的是对自我教学实践的梳理和反思，对自我教学感悟的总结和表达，不应带有过多的功利性。我特别喜欢这样一句话，"任何事情都是客观存在的，它到底会朝什么方向发展，不取决于事情本身，而取决于我们看待它的方式"，其中蕴含的哲理对于一个执意要走上漫长而寂寞的"取经之路"的人来说非常重要，它会让我们看到重重乌云背后的阳光。我曾经在两年内连续向一个刊物投了14篇文章，一篇都没被录用，如果我只是功利地拘泥于这一结果，我必定会很痛苦、很沮丧，满是挫败感。我们不妨换个角度看待这个问题，在这件事情中我有两个收获：一是，帮我否定了一种写作方式，促进我改变与提升；二是，尽管文章没有被录用，我至少对14个问题进行了思考。

"每个优秀的人，都有一段沉默的时光。那段时光，是付出了很多努力，却得不到结果的日子，我们把它叫作扎根"，这是一直在支撑、激励着我的一句话。在今后的教学中，我将继续扎根课堂，去感受自己将根伸进泥土的感觉，我也希望能够听到自己成长拔节的声音。

2023年5月